LE TOMBEAU D'AURÉLIEN

DU MÊME AUTEUR

CE QUE JE CROIS, Grasset, 1984.

PAR BONHEUR, Grasset, 1994.

En collaboration avec Jacques Julliard : LA DROITE ET LA GAUCHE, QU'EST-CE QUI LES DISTINGUE ENCORE ?, Robert Laffont/Grasset, 1995.

A POINT NOMMÉ, Grasset, 1997.

CLAUDE IMBERT

LE TOMBEAU D'AURÉLIEN

BERNARD GRASSET
PARIS

Aux mânes de Crispa.

« Ton regret de n'avoir pas vécu au IVe siècle est ridicule !

Tu vis cette époque maintenant... »

CIORAN (Carnets 1957-1972).

« Le marquis, irrité contre son temps, se fit lire Tite-Live... »

STENDHAL.

Préface

Cet été, à mon retour de vacances, je trouve chez moi le fax d'un notaire de Condom. Il me demande, en dix lignes, de faire prendre « une mallette de papiers divers », vestige de la succession d'un certain Antoine Scribe. Elle m'était, disait-il, par son testament, destinée. Etrange ! Je connais à peine ce Scribe, ami lointain de mon père et, je crois, conseiller d'Etat, blanchi dans quelques cabinets ministériels. Il vivait une retraite sans histoire dans sa propriété gasconne. Je me souviens l'avoir croisé, il y a longtemps, chez des amis, à Bayonne, après la corrida des vendanges. Il m'avait paru bizarre, d'une courtoisie penchée, peu disert mais lâchant hors de propos quelques éclats de rire incongrus. Puis, je l'avais perdu de vue.

Alors pourquoi ce legs ? Est-ce parce qu'il me savait dans les journaux... et qu'il rêvait sans le dire à quelque publication posthume ? C'est ce que je me suis bientôt dit. Car lorsque j'ouvris la mallette, j'y trouvai, sous trois tomes de l'Histoire Auguste, deux épaisses liasses de papier. La première rassemblait des photocopies de lettres – une centaine – adressées – eh bien, oui ! – ... à un énigmatique correspondant romain du quatrième siècle. Mais bien plus effarant, la seconde liasse comprenait tout bonnement les lettres, elles aussi en grand nombre, ... – tenez-vous bien ! – de ce lointain patricien, toutes d'une curieuse écriture alambiquée sur un papier ou une sorte de parchemin. Lorsque j'en pris connaissance, je manquai tomber de ma chaise : canular, mystification, magie, procédé littéraire ? Je n'ai toujours pas tranché...

Au risque de passer à ses yeux pour un peu dérangé, je décidai de montrer à un ami éditeur ces missives, de genre varié, souvent fort intime, échangées pendant cinq à six ans. Une masse impubliable. L'éditeur, plutôt narquois, se satisferait, me dit-il, d'un choix selon la bienséance et l'intérêt supposé. Je m'y résolus.

Sachez encore que les lettres de l'épistolier romain avaient été traduites par le même Antoine Scribe, d'où, peut-être, en ces deux correspondances, une certaine parenté de style. C'est, pour finir, un très petit nombre de lettres que vous trouverez ici, extraites d'une bien plus nombreuse correspondance.

C. I.

Antoine à Aurélien

Quel prodige nous engage, cher Aurélien, dans cette folle correspondance ? Avec elle, nous filons en pleine fantasmagorie. Elle abolit pas moins de mille six cents années : j'existe, quant à moi, à la fin de mon siècle, et me voici donc plus éloigné de ton temps que tu ne l'es, toi, de la fondation de Rome... Et pourtant nous sommes l'un et l'autre, bien vivants, bien installés chacun dans notre époque, toi, sous Valentinien et Théodose, moi sous un président – Chirac – de l'actuelle république gauloise. Grâce à cette magie, nous pouvons correspondre par-dessus l'éloignement du temps. Mais, il est vrai, dans ces seuls courts moments où nous lisons ce que l'autre a écrit...

Tu te demandes – et moi donc ! – de quelle sorcellerie nous sommes les jouets ? Mystère... Mais qu'importe ! Laissons-nous faire ! Les dieux de tes autels, et le Christ de Palestine ne se gênent pas pour semer, chaque jour, et à tous vents, résurrections ou miracles... Un de plus ou de moins !

Dans mon époque, vois-tu, où l'on prétend ne se fier qu'aux seuls phénomènes bien constatés, bien enchaînés de la cause à l'effet, bien calculés et vérifiés, tu n'imagines pas le nombre de crédules qui règlent leur avenir sur les pronostics du zodiaque et la boule de cristal des voyantes. Le surnaturel, sorti chez nous par la grande porte, y rentre par les fenêtres. On croit de moins en moins à la virginité de la mère du Christ mais de plus en plus aux tables tournantes. Et si les sorciers et revenants se font rares, je sais plus d'un vieillard rassis qui cherche quelle âme, disparue dans la nuit des temps, veut renaître en lui par métempsycose... Bon, cher Aurélien, puisque ce mystère nous dépasse, à quoi bon lui résister ? Ne faisons pas les esprits forts ! C'est dit, je m'abandonne à ton invite... Offrons-nous la magie d'un courrier interséculaire !

Je revois l'aurore d'été où je découvris ton message dans cette tombe fraîchement excavée par un glissement de terrain. Et où cela ? Au fin fond d'un petit bois abandonné aux halliers, ronces et chevreuils de ma chère propriété gasconne. Je savais les lieux hantés par les pénates d'une villa romaine, au crépuscule de l'Empire romain. Mais, franchement, j'étais loin d'imaginer que son hôte, un jour, se révélerait à moi. Nullement – et c'est dommage ! – en ta personne même, et de pied en cap (j'essaie de t'imaginer), mais du moins par ce petit rouleau de papyrus d'Egypte, scellé et cacheté de ton anneau, où ta plume de roseau griffonna ta première lettre. Dans les lueurs de l'aube, ce rouleau luisait, entre les ronces, couvert de rosée, comme dans un conte de fées. Je me pinçais, mais je ne rêvais pas... Le lendemain, troublé, je tournais et retournais ce billet venu du fond des temps. Ahuri, anxieux, surveillant stupidement autour de moi, me demandant si je perdais la raison, mais piqué, malgré tout, au jeu de cet enchantement, je déposais ma réponse en deux feuillets dans le même taillis, sur les mêmes blocs descellés de ta tombe. Comme l'eût fait un enfant... Et – merveille ! – tu la vins chercher, fantôme échappé non point du royaume des morts puisque tu vis ta vieillesse comme je vis la mienne. Mais échappé de la trame du temps...

J'admire, aujourd'hui, que nous ayons l'un et l'autre saisi ce fil dénoué que nous tendaient les Parques, sans redouter un complot de sorcières ni demander raison à la raison. Peut-être sommes nous d'un âge désenchanté, lassés de vouloir tout comprendre, et propres à jouir de cette féerie. Ta curiosité, plaisantes-tu, est trop vorace pour qu'un tombeau puisse la borner. Quant à moi j'ai en effet du goût pour ton époque : je suis un des derniers « citoyens de tes siècles antiques ». Et puis, cher étranger, ce jeu serait-il plus vain et plus sot que tant d'autres qui agitèrent nos vies ?

Pour consentir à cette féerie, tu mentionnais, dans ton premier message, une « cinquième saison » dont parle Albucius, « celle où les éponges se brisent, où les verres se plient, où les choses impossibles sont possibles ». Eh bien soit ! Ce courrier sera celui de la cinquième saison ! Je t'y donnerai des nouvelles de l'avenir (du tien), tu me donneras celles du passé (du mien). Amusons-nous !

Je te salue,
Antoine

Aurélien à Antoine

Pour Antoine, salut !

Dans ce sortilège en effet mirobolant, ne trouves-tu pas rassurant que nous habitions les mêmes lieux sur ces terres que tu nommes gasconnes ? Si je t'ai bien lu – une fois ma tombe exhumée dans ta propriété d'Eauze, notre Elusa –, une fouille grossière a mis au jour quelques tessons de ma vaisselle, quelques deniers d'argent frappés du profil de Valentinien (mais aucun de mes solidus d'or), et une stèle gravée de la chouette de Minerve sous laquelle reposait ma chère épouse Pomponia. J'imagine que le masque de cire teinté, moulé à sa touchante image, n'est plus que poussière envolée avec ses cendres. Mais je vois que le granit de la stèle et son oiseau d'Athéna auront perpétué sa gracieuse mémoire. Tant mieux ! Et grand merci aux dieux lares de bénir ainsi, d'un millénaire à l'autre, nos maisons superposées. Au point d'y ménager cette cache pour notre courrier clandestin.

Ma villa, du haut du tertre où se juche ta propre demeure, domine des prés humides jusqu'au plus chaud de l'été. En contrebas coule une fraîche rivière, la Céphise. J'y délaisse sans regret mes autres propriétés, celle de Burdigala (que tu appelles Bordeaux) de même que celle du bord de mer. Là-bas, j'aimais pourtant au crépuscule contempler mes troupeaux de prés-salés paissant jusqu'aux parcs à huîtres, et l'ombre massive des monts pyrénéens déclinant vers l'Océan. Mais, avec l'âge, m'ont passé le goût de la mer comme celui de la ville. L'une et l'autre énervent les sens et troublent mon sommeil. Je perds dans ma retraite les turbots que mon esclave Silicus tirait de mes viviers marins, les ouïes encore battantes, mais je découvre les truites et goujons de la Céphise. Perdue aussi, avec ma volière de Bordeaux, la compagnie d'un marabout à gorge rose... mais il me reste à profusion les merles et becfigues qui picorent ici vergers et moissons. Et puis, vois-tu, de tous les peuples de la Province Aquitaine, les Elusates sont les plus ingénieux et plaisants. Quant à ma maison, aux portes d'Elusa, elle se trouve, comme celle de Pline, propice, dans sa disposition, au commerce de mes amis autant qu'au calme de mes lectures. Ici, personne ne dérange personne. Et je puis passer de la promenade au bain avec, entre mes dents, un brin, frais cueilli, de menthe sauvage. Ce brin-là n'a pas de prix !

Nos anciens prétendent qu'il faut, pour se concilier le bonheur, bien vivre trois âges successifs. Dans le premier, il convient d'assurer sa fortune, et je n'ai pas, là-dessus, à me plaindre. Le grand Ausone, mon voisin et ami, fit de moi à Bordeaux un assistant rhéteur bien rétribué par nos disciples. Puis je combattis et tins divers offices du Danube à la Cappadoce, de la Bretagne jusqu'à Antioche. Point de rang élevé, en ces temps-là, pour quiconque n'avait pas sué sang et eau dans la glorieuse fortune des légions ! Toujours est-il que ma loyauté fut récompensée. Car, au second âge, celui des honneurs politiques, on me confia le gouvernement de l'Aquitaine, puis la dignité viagère de patrice que j'exerce encore dans cette belle province.

Le troisième âge, selon le même adage, est celui de la contemplation que j'aborde. Si les dieux le permettent, j'y vivrai, sur le conseil d'Horace, la plus délectable des vieillesses, *« nec turpem senectam nec cithara carentem »*, ni trop dégradée, ni privée de musique. La musique justement ne me manque pas, ni les amis, ni les livres, ni les plaisirs de table, ni les amours faciles. Voici mon automne – *pomifer automnus* – fertile, je l'espère, en fruits de sagesse. C'est celui que je te souhaite.

Vale et me ama (Porte-toi bien et aime-moi),
Aurélien

P.S. Un mot encore : tu me demandes comment m'est donc venue l'idée saugrenue de déposer ma première missive dans ce tombeau où j'irai rejoindre Pomponia. Eh bien ! tu ne me croiras pas : ce fut un pari d'ivrogne, mais oui ! après un banquet noyé dans le vin de ce cher Ausone ! Nous avons divagué en parlant mystères, miracles, culte des morts... J'ai barbouillé ce mot que mon délire bachique destinait, comme dans un mystère d'Isis, à quelque lointain aïeul sous notre défunte République. Erreur de direction sur l'océan du temps ? Je lançais une bouteille à la mer du passé, et c'est, avec toi, l'avenir que je trouve...

Antoine à Aurélien

Par délicatesse, j'imagine, tu te gardes de me questionner d'emblée sur ces siècles qui nous séparent. Mais je vois bien qu'il me faudra les parcourir à grandes enjambées de plume. Et le plus tôt sera le mieux. Mon pauvre ami, comment te dire en quelques lignes ce qu'il est advenu de nos contrées depuis que tu les as quittées ? Faut-il que je raconte au serviteur de Rome que, de Rome, ni l'Empire d'Occident ni l'Empire d'Orient ne subsistent. Et que les terres que Rome administrait n'ont cessé de se diviser en une troupe de nations oublieuses de leur antique tutelle. De ton temps, Rome n'était pas seulement dans Rome. Elle était partout. Elle n'est plus aujourd'hui qu'une ville, capitale d'Italie, et capitale encore d'une chrétienté déclinante.

Des dix premiers siècles de Rome il ne reste qu'une mémoire et des ruines altières. Quarante, cinquante générations y ont médité les ravages du temps, glosé sur la grandeur et la décadence des plus ambitieuses constructions humaines. Hélas, ce déclin de Rome, je ne vois point qu'un autre poète de génie ait su le chanter comme Virgile chanta sa fondation : *« Tantae molis erat Romanam condere gentem »* (Tant dut coûter de peine, le long enfantement de la grandeur romaine...). Tant dut coûter de peine son long enfouissement... Rome, ta Rome expire sous des pyramides d'hommages et des monuments de mots. Mais ils s'effritent à leur tour, et ton latin, langue morte si longtemps enseignée dans nos républiques, tombe en poudre dans les archives des grammairiens.

Je réfléchis à te dire ce que nous sommes en seize siècles devenus. Mais la plume me manque encore pour te représenter le remue-ménage de notre planète. Je ne sais comment ni par quoi commencer.

A bientôt
Antoine

Aurélien à Antoine

S. (salut),

Tu m'amuses, cher Antoine ! Crois-tu que je ne sois soucieux que du destin de ma Rome finissante ? Allez, va ton chemin ! Je suis assez maître de moi pour tout entendre.

Je regrette seulement qu'à ce jeu nous ne soyons point égaux : tu sais mon avenir, et je ne sais pas le tien. Pis encore, tu sais beaucoup de mon passé : tes archéologues, me dis-tu, t'en apprennent plus sur mes ancêtres que je n'en sais moi-même par la légende, ou les récits des vieillards. Tu mets en doute les historiens les moins discrédités, les Tite-Live, Tacite et autres Suétone. Tu ergotes et recoupes. Il n'est pas une tesselle de céramique qui n'excite ta manie critique. Mais, cher ami, que crois-tu donc savoir ? Privée des espérances, illusions et autres échauffements de l'existence, privée de ses rumeurs et couleurs, de ses rires et de ses larmes, du souffle et du sang de la vie, la vérité qui sort de ton puits grelotte. Elle est cadavérique. Franchement, elle me répugne un peu.

Après tout, de ce savoir momifié que tu me confies, dois-je te savoir gré ? Oui, si j'écoute le curieux qui, en moi, court en chien de chasse et s'excite au feu de la connaissance. Non, si j'entends l'appel du néant où m'invite la proximité de la mort. L'« ataraxie », cette tranquillité de l'âme que m'enseignaient à Bordeaux les épicuriens de ma jeunesse, me déconseille toute ardeur pour dévorer un temps qui ne sera pas le mien. Notre sagesse ne connaît, dans l'espace de nos vies, que deux formes dignes d'être chéries : celle du présent à saisir, le *« carpe diem »* du cher Horace ; celle de l'éternité où je ne vois qu'une résolution apaisée du Temps, où son commencement avec sa fin se confondent. Et dont, parfois, l'extase musicale me donne une vague impression. Mais de l'avenir, nul souci !

Oui, je vois bien ce qui t'étonne ! Car, tu sais ma Rome obsédée de devins, augures et aruspices. Tu les imagines cherchant dans le vol des vautours, les entrailles des poulets ou la clé des songes, les signes de nos destins. Eh bien, vois-tu, je ne fus jamais de leur clientèle. Je ne nie pas que le présent, qui seul m'importe, est excité par le désir d'avenir, par les mirages de l'espérance, par du vent, de l'illusion ! Mais je m'en protège du mieux que je puis. Et quitte à m'évader, je préfère le passé dont mon présent est façonné. Autant dire que ce courrier gonflé d'avenir me donne, par avance, le tournis. Je crains le maléfice qui fera de moi un prophète de prophéties certifiées conformes...

La divination, la prédiction, l'oracle, tout cela m'indiffère. Quand je vois, près de moi, qu'on y succombe, je songe à la Sibylle de Cumes. Dans sa grotte elle est, depuis des siècles, notre patronne romaine de l'oracle, aussi fameuse que chez nos cousins grecs la Pythie de Delphes sur son trépied. Nos malheureux ancêtres, pour prévenir les tremblements de terre, les invasions, les épidémies consultaient ses prédictions tracées, dit-on, sur des feuilles de palmier. Elles furent réduites en cendres, pendant la République, lors de l'incendie du Temple, et Auguste, à ce qu'on enseigne, les reconstitua sur tablettes de cire avant de les déposer sur le Palatin. Mais leur prestige, crois-moi, s'est, depuis lors, dissipé et plus personne ne s'en soucie ! La concurrence a chassé la Sibylle : trop de prophètes de toutes sortes, propagateurs des religions d'Orient, messies en tout genre ou misérables charlatans, se disputent l'avenir et pullulent sur ses miettes.

Férus, comme ils sont, de surnaturel, les chrétiens, qui tiennent désormais le haut du pavé, n'y sont pas les derniers. Ils s'approprient déjà les oracles de la Sibylle d'Erythrée. Un jour, ils chanteront *« Teste David cum Sibylla »*... Je n'en serais qu'à moitié surpris : ils viennent d'établir leur fête de Noël – celle de la nativité de leur Christ – le jour même de notre fête du Soleil invaincu, créée, voici plus de cent ans, par le noble César dont je porte le nom, Aurélien...

Pour en revenir à notre Sibylle, je ne vois dans ses extases qu'une puérile rébellion contre la fatalité. Elle n'a pas volé sa fin édifiante : quand elle se donna au charmant Apollon, elle obtint du dieu de vivre « autant d'années qu'il y avait de grains de sable dans la mer ». Hélas, la malheureuse omit de demander à les vivre en éternelle jeunesse. Si bien que Trimalchion, l'amphitryon du banquet de Pétrone, prétend l'avoir rencontrée, petite naine grotesque, enfermée dans une jarre, sur une étagère d'auberge. Aux enfants qui lui demandaient : « Sibylle, que veux-tu ? » elle répondait : « Je veux mourir. » Entre nous, je la comprends...

Quant à moi, je ne veux point mourir mais je m'y résigne. Et ne désire nullement que tu me réserves avec tes récits d'avenir le destin rabougri de l'infortunée Sibylle.

Vale et me ama,
Aurélien

Antoine à Aurélien

Le soleil ce matin est pâlot, mais enfin il luit. Ce bouvreuil devant ma fenêtre, je m'amuse à penser qu'il voletait – ou pour toi qu'il volette – inchangé devant le portique de ta villa. Suivrais-tu en personne, et jusqu'ici, ton courrier baladeur que tout te paraîtrait familier : ce soleil, ce bouvreuil et sans doute aussi ce damier de vignes et de prés, les saules de nos rivières, les troupeaux pelotonnés par les premiers froids de l'automne et, au loin, les premières neiges sur l'horizon pyrénéen.

Mais, cher Aurélien, à une condition expresse : que tu ne quittes pas ces parages encore – et pour combien de temps ? – bucoliques. Car tout alentour, le long des routes et des villes, dans les demeures des notables et les fermes des derniers paysans, dans l'entassement des villes du Nord comme du Sud, tu ne reconnaîtrais plus rien. Tes descendants ont tout changé de la Terre. Partout l'homme s'y déploie en inlassable termite, lâchant les bruits de ses machines, les odeurs de ses fabriques, les fumées de ses incendies. C'est, cher Romain, toute la planète que l'homme tient désormais à sa merci. Les dieux désertent ce champ de bataille où Prométhée dirige, comme jamais, l'humanité en chef de guerre. Une guerre sans adversaire, une guerre non déclarée mais obstinée et obtuse, sur terre, sur mer et jusque dans les airs. Devant la fureur industrieuse des hommes, les dieux, sans combattre, se sont enfuis. Ils nous abandonnent la Terre. Mais elle ne suffit plus à nos conquêtes ; c'est la Lune, c'est Mars, c'est un peu de l'espace sidéral que nous voulons désormais soumettre. Et je crois bien que nous y parviendrons.

Cher Aurélien, tu penses, peut-être, que je divague et sans doute vais-je trop vite... J'aurais d'abord dû te dire à quel point notre monde excède le tien. Même lorsque, par imagination, tu amplifies une étendue dont tes géographes, depuis Strabon, repoussent sans cesse les limites, même lorsque tu devines – bien au-delà de la Perse, de l'Inde et des conquêtes d'Alexandre – les immensités mystérieuses d'Asie chez ces colporteurs aux yeux bridés qui fournissent en gemmes, épices et soie le marché d'Antioche, même lorsque tu aperçois déserts et forêts impénétrables derrière les lions et éléphants d'Afrique importés pour tes cirques, même lorsque tu te représentes des mers illimitées de glace au septentrion, même lorsque tu supputes qu'un océan roule sans fin ses vagues au-delà de Gibraltar et de ses colonnes d'Hercule, dis-toi, cher Aurélien, que tout cet au-delà n'est rien comparé au monde tel que nous le connaissons.

Devant lui, tu serais interdit, peut-être incurieux, enclin à tourner la tête, à le fuir d'une boutade comme ce vieil oncle, bougonnant que ces « étendues-là frisent le ridicule », que cet excès de nature passe trop l'entendement humain pour mériter rien d'autre qu'un bâillement. Seulement voilà, cher ami, cet « infini » n'est plus, pour nous, infini ! Il n'est pas seulement vingt fois, cinquante fois plus vaste que ton *« orbis terrarum »*, que l'aire terrestre qu'on se figurait à ton siècle. Il est tout entier connu, mesuré, exploré. Nous en visitons tous les peuples, les blancs, les cuivrés, les noirs et les jaunes qui sont de l'autre côté de la Terre.

Je dis bien de « l'autre côté », car la Terre, soit dit en passant, n'est pas plate, mais ronde comme une boule, et non plus infinie mais, au contraire, « finie » puisque nous savons presque tout de ce globe jeté – et nous cramponnés à lui ! – dans le champ des étoiles. Quitte à te désabuser plus encore, dis-toi que si ton soleil, mon soleil, notre soleil paraît, de l'Est à l'Ouest, se lever puis se coucher devant nous, ce n'est pas lui qui, dans la mécanique céleste, se soucie de servir et la chaleur de nos jours et la fraîcheur de nos nuits. C'est au contraire la Terre, et nous avec elle, qui tournons sans fin autour du Soleil, et qui recueillons clarté ou ténèbres selon qu'on s'offre ou se dérobe à sa lumière et à son bon vouloir.

J'espère que je ne t'étourdis pas trop !... Au fait, te sens-tu émerveillé par notre légende des siècles : celle de la science des hommes disputant aux dieux l'empire du monde ? Te sens-tu au contraire comme assommé d'apprendre un tel enchaînement de conquêtes ? Tu me le diras ! Je te confesse d'avance que nous ne sommes guère, quant à nous, plus avancés que vous. Nous balançons toujours... Jamais la maîtrise des hommes sur la nature ne parut plus triomphante et leur bonheur si fragile... C'est ainsi !

Bien à toi,
Antoine

Aurélien à Antoine

De quelles confusions me farcis-tu l'esprit ? Ne suis-je pas fou de poursuivre avec toi un tel dialogue ? « Une Terre ronde, dis-tu, et qui tourne autour du Soleil... » Et quoi donc encore ? Pythagore avait, il me semble, deviné cette noria du Cosmos. On y croyait chez Cléopâtre. Mais elle passe, chez nous, pour une abstraction d'astronomes, aussi irréelle que ce courrier surnaturel que nous échangeons. Cela dit, lorsque je tiens dans mes mains, là, cet étrange parchemin que tu appelles « papier », je suis bien obligé de croire à ce courrier. A son prodige ! Dois-je alors croire à ta giration de planètes ? Je crains que oui... Mon ami, plains ma pauvre tête : c'est trop d'accueillir en quelques secondes de lecture un savoir si lentement conquis au fil des temps !

Et d'ailleurs, faut-il donc tant savoir ? Faut-il qu'à mon âge, qui n'est plus celui d'apprendre, je doive encore me détourner du soin de vivre une vieillesse sereine ? Car enfin tu ne m'annonces point, il me semble, qu'en seize siècles l'homme soit devenu immortel. S'il faut donc mourir, à ton siècle comme au mien, et que rien n'ait là-dessus changé, y a-t-il mieux à faire que de s'y préparer sans se laisser enivrer par des potions d'avenir ? Quant à la mort, je lis, entre tes lignes, que vous vous flattez d'avoir retardé son heure. Et d'avoir allégé en attendant les souffrances des hommes. Très bien! Mais retarder la mort ce n'est pas l'abolir. Pour l'attendre, à ton siècle comme au mien, avez-vous trouvé mieux que d'admirer l'élancement d'un if, l'énergie d'une abeille, le grain d'un marbre, la couleur d'un son et les brumes changeantes de la mer? A moins qu'avant d'embarquer vers les enfers, on ne ressasse, à l'ombre, les jours passés qu'enjolive la mémoire trompeuse des vieillards.

Je lis aussi, et toujours entre tes lignes, à quel point tu soupçonnes, chez nous autres Romains, une indifférence distraite pour les mondes inconnus. Ma foi, tu n'as pas tort! La *« terra ignota »* de nos cartes ne nous a guère empêchés de dormir. Nous avons expédié les aigles de nos légions dans les déserts d'Afrique, repéré les sources du Nil, et Marc Aurèle eut, je crois, une ambassade chez l'Empire jaune des Sères. Nous savons que la *« serica »*, la soie de nos tuniques de fête vient de ces pays « ultimes », de cet Empire impénétrable qui s'étend au-delà du pays des Parthes et de ses terribles archers. Mais, vois-tu, il nous suffit de le savoir. Nous n'avons pas été, c'est vrai, d'ardents découvreurs. Nous n'explorons bien que ce qui nous sert. Notre talent – et, dit-on, notre génie – fut de plier à nos mœurs et nos lois tout ce qui sert – et d'abord en notre faveur – commerce, richesse et sécurité.

Comprends bien que nous ne sommes pas des Grecs! On ne trouvera pas chez nous la percée d'un Alexandre dans l'ordre des conquêtes, d'un Hérodote dans celui de l'Histoire, d'un Platon ou d'un Aristote dans celui de l'esprit. Les Grecs ont défriché, nous,

nous cultivons. Tu noteras, en passant, qu'abrités dans leurs cités toujours querelleuses, les Grecs, tout inventifs qu'ils soient, sont bien contents de disserter sous notre ombrelle, celle de l'ordre romain. Ils ont les Barbares sur leurs talons... Alors, c'est entendu, ils se rengorgent de nous avoir, comme ils disent, « appris à penser »; ils font les paons depuis que Cicéron leur a tressé d'inimitables lauriers; ils peuplent nos académies d'Antioche et de Constantinople; ils inspirent nos poètes et enseignent nos jeunes gens trop fiers d'aller chez eux recueillir le précieux héritage. Mais s'ils raillent cruellement nos lourdeurs bureaucratiques et militaires, ils sont bien aise de disputer, académiser et discourir derrière les fortifications de Rome et le double tranchant de notre épée légionnaire.

Veux-tu le secret de ma Rome? Il est tout entier inclus dans la légende de notre fondation, celle que Virgile immortalisa. Nous venons, avec Enée, d'une Troie ancestrale, d'un « ailleurs » poétique noyé dans la brume des temps antiques. Il nous plaît d'être issus de cette Hellade, paradis de l'esprit. Son prestige légendaire nous entretient dans le désir d'une harmonie à retrouver. Que dis-je? à refonder. Oui, nos temples reposent bien sur les antiques colonnes des grands siècles grecs. Mais nous nous considérons, à leur suite, comme de nouveaux refondateurs, comme les colons d'un nouveau monde. Ce qui nous fait, en somme, modestes quant à l'inspiration mais orgueilleux quant à la fondation.

Nous avons imposé aux Barbares le forum grec, le sourire ionien et la cuirasse dorique. Nous leur avons expédié Arès sous le nom de Mars, Athéna sous celui de Minerve, Hermès sous celui de Mercure. Mais ce n'était point pour « dire », parler, deviser dans les éthers de l'esprit, comme des Grecs, mais bien pour agir et pour « faire ». Chez les philosophes, nous n'écoutons que ceux qui nous apprennent à vivre. Ainsi dans la guerre, la connaissance, la technique et le commerce avons-nous créé un ordre : une manière de vivre, de gouverner, d'être gouvernés. C'est notre gloire. Affermi par notre invention principale – le Droit –, assuré par les prétoriens de nos camps, acclimaté par la tolérance de nos proconsuls et légats, notre ordre romain rayonne encore comme jamais ne rayonnèrent ni Athènes ni Délos. Et à te lire, je finis par croire qu'à son couchant les rayons de mon soleil, quoique exténué, dorent encore les versants de ton siècle.

Aussi balourds que nous paraissions, comparés aux ingénieux fils d'Ulysse, nous n'avons jamais ignoré qu'au-delà des soixante-dix millions d'hommes de notre Empire, la terre grouillait de peuples innombrables et que nos sols fertiles étaient environnés de déserts infinis. Depuis trois siècles, tout promeneur peut contempler, à Rome, au champ de Mars, sur les murs du portique Vipsania, l'immense carte du monde – un monde plat, il est vrai – qu'Agrippa fit peindre à la demande d'Auguste. Nous avons – et ma foi depuis Enée ! – observé les constellations et recensé les cycles essentiels de l'univers des étoiles. Mais nous tentions d'y voir le modèle de quelque universelle harmonie, et jamais ne nous effraya le silence de ces espaces infinis. Depuis la République, et plus encore sous l'Empire, nous feignons de croire que le seul monde existant, c'est « notre » monde. Nous le tenons, en tout cas, pour le milieu du monde. De même, feignons-nous de croire que la mer, c'est « notre » mer Méditerranée. Ce qui ne nous empêche nullement d'expédier des flottilles dans les mers septentrionales, jusque dans la Britannia calédonienne, et au-delà même du mur d'Hadrien. Mais nous les annexons à notre monde. Et nous les tenons pour « nôtres ».

Dans ma longue carrière administrative et militaire, j'ai ruiné mes pauvres reins à parcourir des milliers de stades sur nos routes, de Byzance jusqu'en Espagne. J'ai combattu maints peuples barbares depuis les Daces à l'Est jusqu'aux Pictes et aux Scots de la venteuse Ecosse. Et, vois-tu, dans ma folle jeunesse, il m'arriva parfois de mettre en doute la suprématie romaine : je me plus à penser que d'autres civilisations méritaient tout autant nos égards. Et, de fait, j'ai pu admirer ici, en Gaule, la bravoure des soldats ou l'excellence de l'art des métaux. En Orient, la voluptueuse séduction de ses fastes. Mais, je me suis peu à peu convaincu que notre civilisation – pensée grecque et ordre romain – est la plus belle, la plus digne de porter au loin une idée de l'homme qui ne le fasse point rougir sous le regard des dieux. Bien que Rome ne soit plus à son meilleur je vis encore selon mon droit à Trèves comme à Antioche, à York comme à Bordeaux, à Saragosse comme à Constantinople. J'habite sereinement ce monde parce que je le crois fait à la mesure humaine. Et que rien d'humain ne nous est étranger. Nous n'habitons pas l'infini.

Sans doute trouveras-tu dans ces propos un peu de jactance, une naïve dévotion pour cette « seconde lumière que les dieux nous offrirent pour éclairer le monde ». Sans doute riras-tu de ma complaisance pour cet Empire que je sers encore. Et de ma considération plutôt chiche pour le mirobolant avenir que tu me dépeins. Mais pèse d'abord mon infirmité à ce que serait la tienne devant un correspondant qui t'eût précédé d'autant dans l'histoire du monde...

Au fait, à votre siècle, aimez-vous toujours l'avenir ?

Vale et me ama,
Aurélien

Antoine à Aurélien

Tu ne devineras jamais d'où je t'écris : je vole, mon cher Aurélien, je vole comme Icare, mais la cire de mes ailes ne fondra pas, elle, au soleil, car je vole dans une carcasse de métal, grand albatros mécanique qui m'emporte à des milliers de stades vers l'autre rive de l'Océan Atlantique dont ta Rome ignore jusqu'à l'existence.

Je vole vers un continent découvert par nos navigateurs il y a seulement cinq siècles et que nous avons peuplé de nos Anglais, Irlandais, Italiens, Germains et Gaulois, exilés par les disettes, les excommunications, la colère des princes ou la soif d'horizons inconnus. Ils ont, au fil de leurs conquêtes, parqué, contaminé, chassé, exterminé les premiers habitants de cette terre, barbares emplumés, aux dents limées en pointe, adorateurs du Soleil et bâtisseurs de pyramides, rétifs, hélas, à notre divin Christ et qu'on expédia donc dans l'au-delà pour la plus grande gloire de Jésus.

Figure-toi que ce continent qu'on appelle l'Amérique, immense, excessif, glacial et torride, colosse étiré entre deux océans, avec des montagnes imposantes et des plaines interminables, figure-toi qu'il abrite aujourd'hui la nation la plus puissante du monde. Pourquoi? Parce que ses peuples ont l'âme aventureuse des immigrants, l'audace d'espaces sans bornes, l'énergie impudente, l'optimisme d'une jeunesse indomptée, immodérée dans le Bien comme dans le Mal, frénétique dans le crime et la sanction du crime, dans la jungle de l'argent et la soumission à Dieu, toutes démesures qui en font le malabar le plus impétueux, le plus entreprenant et fougueux des peuples contemporains.

Mais surtout, comme nous, fils de la vieille Europe, et plus que nous encore, ils s'affichent en conquérants intrépides de la science et des techniques. Ils galopent à l'avant-garde de la troupe des modernes Titans sur les plus mirobolantes machines pour disputer à l'Olympe l'empire du monde. Déjà ils ont navigué dans les étoiles à bord d'un vaisseau spatial, ils ont foulé, oui foulé de leurs pieds, mon cher Aurélien, le sol de la Lune, oui, violé l'antre de la chaste Astarté... Ce sont les princes de la machine ! Et quand leurs enfants s'endorment, comme tous les enfants du monde, ils ne rêvent que de combats futuristes contre des Martiens aux yeux rouges, lanceurs de rayons mortifères dans la nébuleuse galaxie.

Tu dois saisir, cher Aurélien, que durant les siècles qui nous séparent, la machine est devenue l'auxiliaire obligée et comme le prolongement même de l'homme. C'est grâce à elle, avec elle, et, qui sait, pour elle que nous avons commencé de soutenir contre les dieux la grande revanche de Prométhée. Que nous avons à nouveau dérobé le feu dans les forges du ciel et entrepris la conquête de l'univers visible et invisible. Nous disposons, pour cela, je te l'ai dit, de machines pour rouler, pour voler ; nous en avons pour expédier des images d'un bout à l'autre de la terre, d'autres encore pour nous parler à distance. Nous avons des machines sous nos pieds, dans nos mains, à nos lèvres, des machines chantantes, des machines pour souffler, aspirer, chauffer, laver, découper, refroidir, des machines qui moissonnent, égrènent et concassent, et aussi des machines à estropier, à exploser, à tuer... Et je me dis parfois que cette machinerie omniprésente devient notre servante maîtresse... Mais enfin, ne boudons pas nos triomphes !

Cette fameuse étincelle que notre moderne Prométhée a volée chez Vulcain, c'est – tu l'as compris – l'énergie que la science fit sourdre des entrailles de la nature, l'énergie multiforme qui nous donne sur le monde des leviers inconnus. Et d'abord l'énergie de l'huile fossile dont la combustion nous fait rouler à grande vitesse sur les routes ou sur des voies fixes de métal où nous circulons en convois. Et jusque dans les airs d'où je t'écris, bien affalé sur mon siège, savourant un vin d'Aquitaine, un œil sur l'océan qui se montre entre les nuages, sous notre machine volante.

Ce que je ne puis te peindre, tant le tableau serait vaste, c'est la diversité et l'efficacité prodigieuses des forces que nous avons domestiquées. Dis-toi qu'à l'énergie combustible nous avons ajouté une onde, un courant que nous disons électrique : en brûlant du charbon pour en transmuer la chaleur, en canalisant le flux impétueux des rivières pour en capter la vigueur, nous avons créé la fée électricité : elle éclaire de mille feux nos villes en pleine nuit et peut déplacer d'un coup de sa baguette des masses considérables. Mieux encore : nous avons découvert une force qui effraie l'univers par sa puissance. Elle nous vient de l'explosion contrôlée des atomes dont ton Lucrèce, après

Epicure et Démocrite, avait chanté la réalité au cœur infinitésimal de la matière.

J'arrête là... Sache seulement que toute cette magie de machines, cette volonté de puissance, cette aptitude à nous transporter comme des lièvres, à voler comme des oiseaux, à nous promener dans l'espace comme les anges ou démons de tes fables, sache que toute cette féerie nous fut donnée seulement dans les deux derniers siècles et dans une accélération qui, je te l'avoue, nous étourdit un peu...

Pense que mon grand-père labourait son champ avec un soc semblable à celui de Cincinnatus, tiré par deux grands bœufs échappés des *Géorgiques*. On s'éclairait chez lui avec des lampes à huile qui enfumaient son plafond comme ceux de Pompéi. Lorsqu'il m'amenait, petit enfant, aux offices chrétiens, nous y allions au trot d'une carriole à cheval, toute semblable au cisium à deux roues qui te met les reins en compote sur les pavés de la voie Narbonnaise. Or, aujourd'hui, soixante ans plus tard, on ne trouve plus de bœufs derrière les charrues ni de chevaux devant les carrioles. Plus trace de cette traction animale qui a soulagé l'homme pendant trente siècles : partout des machines, des machines... Non, vois-tu, ce n'est que depuis peu, très peu de temps – le court espace de deux longues vies – que l'homme est devenu un géant orgueilleux dont la tête touche à la voûte des cieux.

Vale,
Antoine

P.S. New York où je vais atterrir c'est – tu l'avais

deviné – la Rome de notre temps. « Ville debout », ville verticale, répète l'arrivant, devant sa forêt de tours plantées drues contre le ciel. Tu te souviens : « Ville debout », disait-on déjà de ta Rome du premier siècle pour l'immigrant qui découvrait vos premières habitations à étages...

New York et Rome, deux capitales d'Empire – la mienne, la tienne –, deux grandes cosmopolites, deux orgueilleuses qui se voient en nombril du monde, deux géantes qui, en trois siècles, éblouissent, fascinent et surplombent les autres cités. Un surgissement qui enchantait ton Virgile lorsqu'il voyait Rome « dressant sa tête comme le cyprès parmi les viornes naines... ». De même, New York !

Et tu suis, bien sûr, le fil de mes pensées... Oui, la puissance s'est échappée de nos mains d'Europe, où de toi jusqu'à moi, de ton siècle à mon siècle, nous l'avions conservée et accrue. Elle a basculé, au-delà de l'océan, vers le jeune géant américain qui du haut de ses tours de verre et d'acier nous contemple. Là-dessus, j'ai souvent pensé à ce que tu me dis de vous autres Romains et des vieux Grecs, vos maîtres par l'esprit et pourtant vos obligés de l'ordre militaire. Et je vois bien que nous autres Européens sommes à l'Amérique ce que les vieux Grecs furent à Rome.

Comme tes vieux Grecs, nous sommes délicats, douillets, plaintifs, sarcastiques et pituiteux. Nous faisons, nous aussi, des gorges chaudes de la rusticité de nos héritiers d'outre-Atlantique. Mais deux fois, en ce siècle, nous leur fûmes redevables d'avoir recouvré nos libertés perdues. Depuis, nous disputaillons encore, mais toujours à l'abri de leur bouclier militaire. Nous maugréons et survivons sous un nouvel ordre « romain » : le leur ! Nous sommes, sous la protection de l'Amérique, comme les Grecs de ton temps sous celle de Rome. Comme ton ami le grec Libanios qui se proclame insoumis mais entravé « dans la chaîne d'or des Romains », nous voici dans « la chaîne d'or de l'Amérique ». Quelle comédie, non ?

Aurélien à Antoine

Ton histoire d'Amérique me réjouit... Cet animal de Sénèque voyait donc juste! Tous mes étudiants ont rêvé sur sa prédiction fameuse : « Quelques siècles encore, et l'océan ouvrira ses barrières. Une vaste contrée sera découverte. Des mondes nouveaux seront révélés... » Eh bien, voilà : ils se sont en effet révélés et tu me les révèles... Par Hercule, tout cela me grise! Au point que ma chère Phyllis, miel de mon cœur, s'inquiète : « Qu'as-tu, Aurélien, tu es ailleurs... » Ailleurs, c'est bien le mot! Ballotté par ton courrier d'un continent à l'autre, de la Terre à la Lune, d'un siècle à l'autre... Parmi tous ces « ailleurs », qui ne serait saisi de vertige?

Tu souffles la tempête dans mon crâne, et j'en titube. Mais, attention, en parfait silence et bouche cousue! J'ai bel et bien évoqué devant deux amis cette furie d'avenir dont tu me soûles et qui me poursuit dans ma chère solitude... Mais, comme tu imagines, sans découvrir notre inviolable secret : j'eusse passé pour un fou, un de ces possédés de Saturne qui prétendent fureter dans les couloirs du Temps. Non, j'ai seulement, en musardant, orienté la conversation sur les prophéties et superstitions à la mode, glissé comme autant de divagations l'hypothèse de ces fabrications d'avenir dont tu me parles, catapultes à explosion, machines volantes ou parlantes, voyages vers la Lune ou Mars... Or, mon ami – prends-le comme tu voudras ! –, je n'ai pas eu le moindre succès !

Ces « divinations » jugées frivoles ou délirantes sont tombées à plat. Mes amis n'ont pas l'obsession visionnaire. De science, ils ne veulent connaître que celle d'Euclide et des vieux Grecs. Pour eux le seul âge d'or imaginable, c'est celui du passé à partir de quoi l'histoire des hommes n'a pu, croyons-nous, que décliner. Que veux-tu ? à nos yeux, toutes les fondations sont divines, et tous les paradis perdus... Regarde : notre Empire Romain divisé d'aujourd'hui – Empire double d'Orient et d'Occident – pleure l'Empire d'Auguste qui naissait il y a trois cents ans. Mais déjà sous ce premier et noble Auguste, combien de citoyens remâchaient leur nostalgie de la République défunte ? Et, sous la République, combien rêvaient aux vertus révolues de ses fondateurs ! Quant aux fondateurs, ils chantaient, qui sais-je encore, Enée... et justement « son âge d'or », une Arcadie évanouie où folâtrent les bergers de Virgile.

Cela dit, il en est, parmi nous, je le sais bien, que l'avenir excite : les chrétiens, bien sûr, qu'échauffe une éternelle fièvre. Ils répètent, comme leur héraut, un juif apostat, converti au Christ, Paul de Tarse : *« non enim habemus manentem civitatem, sed futuram inquirimus... »* (nous n'avons pas ici de cité permanente, mais nous attendons celle qui viendra...). Dis-moi, Antoine, cette religion échevelée aurait-elle pris sur vous un tel empire qu'elle vous aurait gagnés à cette promesse, à ce souci obsédant d'avenir ? J'en viens à le croire. Vous semblez, à te lire, si gonflés d'espérance... Peut-être même convaincus que l'âge d'or est devant vous...

Au fait, t'ai-je dit qui sont ces deux amis que j'ai entretenus d'avenir ? L'un, je t'en ai parlé, est mon voisin Ausone, le poète bordelais, chrétien de surface mais romain de fond ; l'autre est Paulin de Nole qui, lui, n'est romain que de surface et déjà plus fieffé chrétien qu'il le croit lui-même.

Chaque semaine, nous nous réunissons chez l'un ou l'autre, nous buvons, devisons, disputons sur les péripéties de nos maisons, de la Province, de l'Empire, sur les potins, les procès, sur les dernières nouvelles qui parviennent à l'un ou à l'autre de Trèves, Milan, Rome ou Antioche via notre brave service public de courrier, le *cursus publicus*. Nous y commentons, sans retenue, nos bonheurs et malheurs privés ou publics, assurés que notre discrétion ne laissera filtrer aucune de ces idées libres qui, déformées par les sycophantes, engraissent les soupçons insatiables de la Cour.

J'ignore (tu m'éclaireras) ce qu'est chez vous le comble de la bonne vie *(vita beata)*. Pour moi, je ne mets rien au-dessus de ces trois ou quatre heures de gaieté, de franchise, de grâce que l'amitié, et des goûts communs pour les choses de l'esprit, nous ménagent chaque semaine. Chacun, sans trop se guinder ni trop s'abandonner, y déploie notre art chéri de la parole, dans la fantaisie et l'enjouement qu'aucun talent d'écriture ne saurait égaler. Lorsque le vin nous exalte à l'excès, et qu'Ausone s'embrouille dans ses hexamètres, nous faisons rentrer Délie avec sa flûte, Cynthia avec sa cithare, de sorte que la musique nous garde longtemps encore engourdis de charme sur notre triclinium. A moins, bien sûr, que ma chère Phyllis, dansant entre nos tables, dans ses voiles de Cos, ne suggère par sa seule démarche *(incessus arte compositus)* d'aborder autrement les délices de la nuit...

Je te salue,
Aurélien

Antoine à Aurélien

Je guette en vain ton courrier, mais non, toujours rien... ! Je découvre alors quelle intimité s'est déjà établie entre nous, je découvre que tu me manques, cher Aurélien... Et que je suis bien sot de disserter sur la cavalcade des siècles au lieu de dire à l'ami proche le train de nos jours ordinaires. Proche ? Oui, mon ami... As-tu remarqué que l'intimité la plus riche ne loge pas toujours dans la proximité ? Elle s'épanouit fort bien dans le commerce d'esprits éloignés dans l'espace lorsque aucun sentiment, aucune chaleur, aucun frottement ne vient affecter l'échange épuré de deux libertés. Nous, ce sont les siècles qui nous séparent. Et il me semble trouver avec toi, dans cet éloignement, un je ne sais quoi qui m'aère et me fait tout voir plus librement.

Tu me demandes si nous aimons l'avenir. Ah, cher Elusate, c'est à un point dont tu n'as pas idée ! Nous sommes drogués d'avenir. Tout l'Occident se voit installé par quelque vocation mystérieuse dans la conquête permanente d'un avenir enchanté. Tu concéderas que nous y avons quelques titres : dans la maîtrise de la Nature, dans la libération par la machine du servage de l'homme, dans sa libération politique par l'affranchissement – la citoyenneté donnée à tous –, nos fabuleux succès n'ont cessé d'affermir cette conviction que l'avenir ne saurait être que préférable. Admets que depuis deux ou trois siècles tous nos triomphes avaient de quoi enflammer un homme qui désormais vole dans l'espace et visite la Lune ! Ils ont, en tout cas, répandu ce sentiment que notre histoire, et bientôt toute l'histoire du monde, portait en elle un mouvement continu destiné à épanouir l'humanité. Nous aimons voir dans tout événement un « avènement » inscrit dans le destin de notre espèce et destiné à servir à jamais sa plus grande gloire. Là-dessus, c'est entendu, je confesse que nous nous grisons un peu : nous mettons une majuscule à l'Histoire et commençons de la diviniser. A force de parler d'un « sens de l'histoire », je veux dire d'une direction, nous en venons à lui prêter un sens, je veux dire une signification. Sens de qui et vers quoi ? mon ami, je suis bien court pour répondre...

C'est que durant tout le temps (qui est en train de passer) où le dieu chrétien imposait sa loi, punissait le péché et inondait les cœurs de sa grâce, l'espérance, vois-tu, restait dans le giron de Dieu. Le nez en l'air, nous vivions – à commencer par les plus misérables – dans la promesse d'un au-delà propice aux méritants. Mais depuis que l'on annonce chez nous la mort de Dieu, c'est, cher Aurélien, une tout autre chanson : l'homme a pris son avenir en main et nul ne sait vraiment où il nous mène. Les paradis terrestres de nos démiurges ont sur les paradis divins le tort d'être vérifiables. Et je dois te dire que les débuts ne sont pas mirifiques. Les promesses de l'homme nouveau se sont dans notre Europe – et à deux reprises en ce siècle ! – achevées par des massacres effroyables. Pendant que l'humanité se rêvait un destin sublime l'homme se dégradait à grande allure... Nous en sommes là. Un peu mortifiés...

Mais, entends-moi bien, nullement découragés dans notre boulimie d'avenir idéal. Nous l'attendons toujours de la machine, des cent mille réseaux de commerce, d'idées et d'images qui font de toute la planète une Babel rétrécie. Un globe, en toutes ses parties de plus en plus solidaires pour le meilleur ou pour le pire. Ce grand chambardement du monde, il a, me dis-tu, de quoi inquiéter. Oui, peut-être... Mais en même temps, il nous exalte, nous met en demeure d'inventer, de nous dépasser encore. Simplement, de nos jours, les enchères grimpent. Le sentiment se répand que le sort de la Terre est en question. Le sentiment ? Non, plus que cela... L'homme a vraiment les moyens, je te l'assure, oui, les moyens de détruire la planète... Et puis, maintenant, tout va trop vite. J'ai besoin que tu donnes à mes pensées un peu de repos. C'est, en tout cas, ce que je vais faire : oublier avec ma lyre à quatre cordes le destin de l'humanité...

Sache tout de même – et j'achève ici de te répondre – que nous sommes si tourneboulés d'avenir que sur la Tour Eiffel, le plus haut monument de Paris (c'est ta Lutèce... avec cinq millions d'âmes), un immense chiffre lumineux affiche le nombre des journées qui nous sépare de l'an deux mille : pour moi ce soir, vingt-deux jours, pour toi seize siècles. Ridicule, non ? La fascination puérile pour cet an deux mille (MM) qui annonce pour nous le troisième millénaire t'apprendra, malgré tout, que nous mesurons le temps à partir de la naissance (supposée) du Christ. Mais oui ! Sans doute, dans ta Rome où l'on compte encore les siècles depuis la fondation de la Ville et, plus platement encore, par les règnes des Césars, vous paraissez moins soumis à notre fétichisme calendaire. Mais tu méditeras, tout de même, le prodigieux essor du calendrier chrétien : il s'est quasiment imposé peu à peu sur toute la planète et jusque chez les lointains Chinois de l'autre côté de la Terre. Ton très chrétien Paulin de Nole n'imagine pas dans ses actions de grâce, pareil accomplissement...

A bientôt ! Ne m'oublie pas. Et porte-toi bien !

Antoine

Aurélien à Antoine

Bon, tu ne me laisses rien ignorer, cher Antoine, du sort de l'humanité et je t'en remercie... Mais tu ne me dis rien du sort de l'homme que tu es et qui – pardonne-moi ! – m'intéresse plus encore. Rien sur tes intérêts, tes goûts, tes passions. Rien sur tes plaisirs.

Je dis bien tes « plaisirs ». Car c'est dans les plaisirs que la liberté se déploie. Chez nous, dans les obligations familiales et sociales, dans le service public, la règle est de se conformer et d'exécuter. A certains emplois il nous est bien permis d'imaginer et de concevoir, mais dans des limites qu'il serait périlleux de ne pas pressentir.

En revanche, les plaisirs nous suggèrent de faire de chaque vie – et pourvu que le destin : la mort près de soi, la maladie ou la guerre, ne l'accable pas – une œuvre d'art périssable. Lorsque nous dissertons entre nous, mes amis et moi, sur le chapitre délicat de la « vie heureuse », nous tombons d'accord sur quelques principes. Pas de vrai bonheur sans une constante conscience de la mort. Pas de vrai bonheur sans l'apprentissage volontaire des règles simples de dignité : dégoût des vanités, respect du courage médité. Pas de vrai bonheur si l'on ne résiste aux illusions de l'humaine condition. Pas de vrai bonheur enfin sans le désir d'embellir les appétits élémentaires de l'homme, à commencer par les plus puissants et primitifs qui sont le boire, le manger et le désir amoureux. Sur ces principes du cher Epicure, nous brodons selon ce que l'occasion, les rencontres et l'âge nous inspirent. Mais la vie invente, et il y a de quoi broder...

Jusque dans les jours ordinaires, je veille, quant à moi, à ne pas lâcher cette broderie-là. Comment te dire ? Prenons au hasard de mes journées ! Lorsqu'à la septième heure, mes obligations s'achèvent, que je n'ai plus de clients à recevoir, d'esclaves à réprimander, de petits différends à juger, j'appelle mon jeune affranchi pour un moment d'exercice ou de palestre, mais toujours bref et mesuré par la clepsydre qui se tient à la porte de mon gymnase improvisé. Puis je me baigne – le bain est le premier serviteur de la dignité romaine – et je m'enduis légèrement d'huile d'amande. Ensuite seulement, je regagne mon triclinium. Hier, il y avait panse de thon de Nauplie, bettes de Tusculum au cumin, bécasse rôtie puis fromage de chèvre à l'oignon pour supporter un vin noir de Chios de quinze ans d'âge. Enfin prunes de Damas, noix et figues. Tous les mets sont simples mais frais et délicats. Car si je ne fais pas arroser mes laitues de vin au miel, comme ce sybarite de Cyrène, je ne veux néanmoins pour mon triclinium d'ivoire que du bon ou de l'excellent. Lorsque mon cuisinier Laurentius ne le trouve pas dans les commerces d'Elusa, j'évite le dîner et me contente de quelques olives au fenouil et d'un pain d'épices. Alors je m'abandonne tout entier à mes meilleurs compagnons : le silence, et les grands livres.

Dans ma maison, la nouveauté ces jours-ci est la

couche d'Ausone, un lit confectionné d'éponges dont Ausone est entiché et qui fait tanguer les amours. Chez moi, celles-ci sont en fleur : les pointes de seins de mon esclave Phyllis roulent entre mes dents comme de jeunes mûres. Elle entrouvre ses lèvres, pointe une langue de chat, et, l'œil vague et embué, guette, au loin, le plaisir qui vient. Tout est bien.

Vale et me ama,
Aurélien

Antoine à Aurélien

Je crois bien, cher Aurélien, que tu vis dans l'enfance du monde car, comme un enfant, tu peuples de merveilleux tout ce que tu ignores. Nous n'avons plus cette innocence. Les territoires prodigieux que la science découvre depuis un à deux siècles, nous feignons de les trouver exaltants et féeriques. Mais – je veux être honnête –, ce n'est pas tout à fait vrai : en nous désabusant, la science nous assombrit. Depuis que le ciel n'appartient plus ni aux dieux de l'Olympe ni au père du Christ mais à nos astronautes, depuis que les mystères reculent, notre imagination s'étiole, et la poésie agonise. Tu devines pourquoi j'hésite à saccager ton ingénuité...

A te confier, par exemple, la plus troublante, la plus désolante, la plus humiliante, la plus pénible vérité, acquise de bonne science depuis un siècle : c'est que l'homme tire sa médiocre origine de la famille des grands singes. Oui, ceux-là mêmes qu'on encage de ton temps pour les jeux du cirque de Leptis Magna. Tous nos petits enfants savent aujourd'hui qu'il y a quatre millions d'années l'espèce humaine arracha son propre rameau à la famille simiesque. Ils savent qu'à force d'adaptations sélectives imposées par son milieu de vie, l'homme, au fil des millénaires, devint, si l'on peut dire, ce qu'il est. Permets que je résume d'un mot cette interminable gestation : ses bras ont raccourci, son cerveau a doublé... Voilà !

Laisse-moi aussi te dire qu'avant que nous n'héritions de cette parentèle compromettante, la fable juive puis chrétienne sur les origines de l'homme nous plaisait bien. Adam et Eve, en couple fondateur, figuraient pour nous des parents un peu figés, mais, ma foi, très acceptables. Tandis que les singes... Nous aimions bien aussi – pour expliquer notre soumission au Mal, à la souffrance injuste, aux fatalités cruelles – cette pomme croquée par Eve à la suggestion du serpent, ce péché originel qui de toute éternité allait infiltrer nos veines : Dieu, disait-on, nous aurait voulus ainsi, imparfaits et misérables, pour que nous puissions user de la divine liberté de faire le bien ou de rajouter au mal, de quoi nous fermer ou nous ouvrir, dans l'au-delà, les portes des béatitudes...

Mais alors, ne t'étonne pas qu'on demande de plus en plus, de nos jours, quand donc et comment cette liberté divine fut-elle échue à nos arrière-grands-singes ? Et depuis quand sont-ils aptes à concourir pour les béatitudes ? Autrement dit quand donc commence l'homme ? Quand ressemble-t-il à la définition variable qu'on se fait de lui ? Commence-t-il avec ses premiers outils, il y a plus de deux millions d'années ? Ou plus tard, il y a quatre cent mille ans, avec la découverte du feu qui adoucit l'hiver, éclaire la nuit et fonde les premiers foyers ? Faut-il attendre qu'il parle avant d'être déclaré homme ? Comment cet homme d'abord habilis, puis erectus, puis sapiens, comment ce fruste habitant des cavernes est-il devenu cet homme moderne, celui de nos deux derniers millénaires, si organisé et délicat, toi, par exemple, cher Aurélien, déclamant Lucrèce dans ton triclinium chauffé ? La réponse, nous l'appelons l'évolution. Sainte Evolution ! Elle est devenue la vulgate scientiste de notre époque...

Et Dieu, là-dedans, me diras-tu ? Eh bien le Dieu des fables chrétiennes s'efface devant ces nouveaux savoirs. Mais non pas, à vrai dire, l'idée de Dieu lui-même : les croyants – ou ce qu'il en reste – soutiennent que seul un Dieu a pu penser, conduire, perpétuer une si étonnante et miraculeuse évolution. Sans doute les chrétiens – les adorateurs du Christ, du Dieu fait homme, crucifié sous Ponce Pilate, puis ressuscité – perdent-ils, tu t'en doutes, du terrain : leur fable passe mal. Mais les athées, les négateurs de Dieu n'en triomphent pas pour autant. Ce sont les agnostiques qui désormais voient grossir leurs foules : ceux qui doutent, ceux qui ne nient ni n'affirment. Car la Science, au fur et à mesure qu'elle éclaircit des territoires inconnus, cerne et souligne d'autant les nouveaux trous noirs de la connaissance : elle sait de mieux en mieux ce qu'elle ne sait pas. Et où Dieu, peut-être, se cache...

Antoine

Aurélien à Antoine

Cher Antoine, tu m'intéresses : Des singes, de grands singes, nous aurions de grands singes pour ancêtres... Si je te lis bien, tu me crois accablé par cette ascendance ? Eh bien, non, pas du tout : excité, amusé seulement... Diogène devant son tonneau, occupé à se branler, mais aussi Démocrite, Epicure, Lucien, tous mes maîtres auraient salué comme il convient ce parentage animal. Démocrite, lui – selon sa réputation –, en aurait ri aux éclats... Mais, dis-moi plutôt : à votre époque, expliquez-vous, par ce cousinage, la permanence, chez l'homme, de l'agressivité, de l'animalité ? L'attribuez-vous, comme nos chrétiens, à Satan, au serpent de leurs Ecritures saintes ? Ou votre science aurait-elle découvert chez l'homme une double appartenance : une âme, un esprit portés au bien et à la connaissance, et un esprit – comment dire ? – reptilien, vestige du serpent de la Genèse biblique et condamné à l'animalité ?

Et puis, j'y pense : cette immense loi de l'évolution que vous avez découverte, je ne puis imaginer qu'elle s'applique seulement à l'humaine destinée. Ces grands singes ne sont pas tombés tout constitués de leurs arbres dans l'univers des autres vivants. Si l'homme a pu, en cent quarante mille générations humaines (j'ai compté) s'en détacher jusqu'à conquérir une âme (?), le grand singe lui-même avait, je suppose, des ancêtres plus sommaires, peut-être sans bras ni jambes, peut-être sans vertèbres, peut-être des reptiles, peut-être même avant cela des poissons ou vermicules sortis de la mer originelle... Et si l'univers obéit à ta loi d'évolution, s'il va des premières et invisibles cellules de la vie jusqu'aux somptueux organismes de la nature qu'on observe chez les coquillages, les paons, les girafes d'Afrique, voire le cerveau de l'homme lui-même, alors peut-être me diras-tu que l'univers est né d'une précipitation d'atomes, multipliés et compliqués à l'envi depuis cette naissance chaotique de l'univers. C'est d'ailleurs ce que croient par intuition Démocrite et Lucrèce, et ce que je crois aussi, mais sans l'avoir, tu t'en doutes, jamais approfondi...

Vue en tout cas sous tes lumières qui font commencer l'homme, le statut de l'homme à la conscience de sa mort, à ses premières tombes, je déduis qu'à cette infinie échelle du temps que tu parviens à mesurer en millions, en milliers de millions d'années, l'humanité, et pas seulement la mienne – mais la tienne aussi –, sort à peine de son enfance. L'animalité humaine, me dis-tu, se combat et se résorbe mais elle nous situe plutôt, toi et moi, dans les débuts de l'humanité, avant sa toge virile, dans les prémices de son adolescence... Alors, dois-je en déduire que vous attendez, pour vos prochains millénaires, un avenir de l'homme sous le règne de l'esprit? Et qui sait, échappée du rameau humain, une autre espèce douée d'une autre pensée? Ma foi, pourquoi pas? Elle serait à l'homme ce que l'homme est au singe : un progrès, non ? Tu vois, cher Antoine, que le merveilleux est de toutes les époques et que la tienne ne l'a peut-être pas encore épuisé...

Vale,
Aurélien

Antoine à Aurélien

L'avenir de l'homme, bientôt sous le règne de l'esprit ? Gracieux pronostic ! Ce fut déjà la promesse du bienheureux Joachim de Flore que je ne m'attendais pas à voir ressuscité par tes soins. Ce brave théologien voyait trois âges de l'humanité : le premier, celui de Dieu le Père, précéda la venue du Christ ; le deuxième est l'âge de Jésus qui commence avec lui et dont la mort, dans nos contrées, est partout annoncée ; le troisième encore à venir serait donc celui du Saint Esprit... Mais je plaisante, et sais bien que ce n'est pas à cet avènement-là que tu songes...

Il est vrai qu'après tant de furieuses conquêtes matérielles, on puisse rêver chez nous sinon de l'esprit saint, du moins de l'esprit en repos. Il n'est pas fou d'imaginer qu'une nouvelle ère de l'esprit (épicurien, stoïcien ?) doive inspirer nos sages. Hélas, nous n'en avons plus : notre ère n'offre point de refuge où échafauder une quelconque sagesse. Les découvertes de tout acabit les entraînent dans une précipitation insensée, laquelle décourage à elle seule toute vision d'altitude, toute réflexion populaire. Il n'est plus dans nos télescopes et microscopes de savoir nouveau qui ne ruine quelque certitude bien installée depuis des siècles.

Sais-tu ainsi que tu devines juste quand tu déduis de la simiesque origine de l'homme qu'elle n'était elle-même qu'une ultime et infime péripétie dans l'histoire de l'univers ? Et qu'avant le singe, la Création avait eu de quoi s'occuper. Dieu, dirait ton ami Paulin, attendit le sixième jour pour créer l'homme et ensuite se reposer... Au calcul de nos savants, ces six jours qui précèdent la création de l'homme font en réalité quinze milliards d'années. C'est en tout cas la date que nous assignons à la naissance de l'univers. Et pour quel début ! Rien en vérité qui ressemble à l'éclosion d'asphodèles dans le jardin d'Eden. Rien qui rappelle Vénus sortant en conque marine des eaux primordiales. Rien qui évoque la belle ordonnance de la Genèse des Juifs et des chrétiens. On nous parle d'un point minuscule, d'un pois chiche saisi de frénésie intime et entrant dans une permanente et fabuleuse expansion jusqu'à constituer l'Univers. On nous parle d'avatar soudain du néant, d'un chaos créatif dû au « hasard » *(hic jacet deus ?)*, et dont on ne sait quelle « nécessité » réglerait l'expansion.

Dis-toi que depuis que nous connaissons la vitesse de propagation de la lumière, nous savons remonter très avant dans le temps pourvu qu'on observe très loin dans l'espace : grâce à nos lunettes géantes nous scrutons donc les lointains du passé. Je vois de ma terrasse la nébuleuse d'Orion telle qu'elle était à ton siècle. Quand tu l'observes, sache que tu la vois telle qu'elle était chez Homère, lequel ne savait pas qu'en la décrivant, il ne voyait qu'un lointain passé. C'est que par observations et calculs, dont je te fais grâce, nous voyons l'univers se former il y a quinze milliards d'années. Choc de quels éléments pour ce commencement ? Et, d'ailleurs, commencement de quoi ? Sommes-nous rendus par nos calculs à l'origine du temps ? A celle d'un temps irréversible dont nous accepterions l'illusion ? Et prisonniers que nous sommes de cette illusion-là, incapables de percevoir hors notre temps et notre espace, peut-on décrire, comprendre, imaginer même un temps qui ne serait pas le nôtre ? Libre à nous de divaguer, libre à nous de refuser ou d'accepter les bornes de notre comprenelle !

Ce qui nous déconcerte ou nous émerveille, ce n'est point seulement le « hasard » prétendu de cette origine ineffable. Mais que dans le processus déclaré « nécessaire » se soient plus tard trouvées réunies les conditions si exceptionnelles qui permirent l'éclosion de la vie. Et que partant d'une cellule élémentaire, la vie elle-même se soit au fil des temps multipliée, ramifiée par d'infinies proliférations dans les mondes végétal et animal. Et jusqu'à l'homme. Comme si l'Univers portait en lui ce pressentiment que l'homme un jour allait survenir...

Mais là, vois-tu, je m'arrête ! Je ressens comme de l'outrecuidance à tirer vers l'homme l'aventure si majestueuse de l'univers. Devant ces troupeaux d'astres en transhumance, devant cette histoire impétueuse d'un cosmos en expansion, devant ces vertiges qui nous font vaciller aux bords inconnus de l'espace et du temps, mais de même dans cette histoire périlleuse mais obstinée de la vie qui va de quelques vermisseaux marins jusqu'aux millions d'espèces mutantes et organisées, l'espèce humaine ne compte pour quasiment rien. Une brindille dans le buissonnement de la Terre! Et pourtant, ce brimborion, ce fétu, ébranle la planète. Mais notre planète n'est elle-même qu'un grain de poussière dans une myriade d'étoiles dont l'infini mystère peuple encore nos nuits.

Antoine

P.S. Bien sûr, cher Aurélien, pas plus que la tienne, notre nature n'a dépouillé toute animalité. Mais qu'est-ce que l'animalité? Elle est elle-même double, ambiguë. Pense plutôt à nos cousins, à ces singes dont nous nous entretenions justement. Les deux espèces les plus proches de l'homme sont le chimpanzé et le bonobo qui folâtrent tous deux dans les forêts d'Afrique. Le chimpanzé est le plus habile manipulateur d'objet. Mais sous la gouverne disputailleuse des mâles, les chimpanzés ne cessent de se quereller pour la conquête des femelles, d'un territoire ou d'une banane. Ce sont des guerriers nés. Le bonobo, moins habile manipulateur, est en revanche un fort agréable compagnon. La femelle tient chez lui une place éminente. En substitut à toute agressivité, le bonobo affiche un érotisme exubérant (masturbations, fellations, copulations incessantes dans des postures variées). Sa sexualité encourage l'apaisement, le partage, si nécessaire la réconciliation, et toutes sortes d'aménités.

Alors que dire, sinon que le chimpanzé qui, dit-on, nous est le plus proche, est un *simius faber* porté à la violence. Et que le bonobo est un singe heureux.

Aurélien à Antoine

Tu vois l'esclavage de ta fenêtre. Une fenêtre sur cour et qui n'ouvre que sur ton époque... A considérer ce que devient ta démocratie, je comprends que tu ne puisses avoir aucune idée du lien qui nous unit à nos esclaves, nos affranchis, nos clients et, nous tous, à l'Empire et à nos dieux.

Aucune idée non plus des fluctuations de nos conditions. Il y a, sur le forum d'Elusa, beaucoup d'hommes libres, ruinés et qu'il faut secourir, beaucoup d'affranchis prospères, et beaucoup aussi d'esclaves contents de leur sort. Médite plutôt qu'Epictète fut esclave et que Diogène le fut aussi. Lorsque Xéniadès de Corinthe, hésitant à l'acheter, lui demanda ce qu'il savait faire, il répondit « je sais commander aux hommes libres... ». Ce qu'il fit en effet !

Aurélien

Antoine à Aurélien

Si l'on te ressuscitait, cher Aurélien, dans notre beau Paris, rien, et pas même la Seine, ne te rappellerait la médiocre Lutèce de ton cher Julien, son charme indolent et ses pilotis. Mais si tu renaissais à Bordeaux, tu ne te sentirais pas, j'en suis sûr, dépaysé. La respiration marine, le charme lumineux de son architecture, tout t'évoquerait la ville telle que l'a peinte Ausone avec « son front de mer aux tours superbes, la rigueur linéaire de ses bâtiments, le spacieux de ses places, et puis ses portes dans l'alignement des carrefours avec, au milieu de la ville, le lit du fleuve que l'Océan emplit de ses marées... ». Je m'y promenais hier et il me semblait que nous y déambulions ensemble.

Aurélien

Aurélien à Antoine

A te lire – mon pauvre Antoine –, j'éprouve un pénible sentiment de vertige. Plus tu m'en dis et plus tu m'inquiètes. Quand rentreras-tu en repos pour te protéger de ce fourmillement et de cette accélération qui envahissent ton époque comme moisissures après la pluie ? Quand songerez-vous à contrôler l'usage de vos sciences et de vos armes, à régler les flux de l'argent volatil qui signent vos échanges, à diminuer les éclairs et brillances de vos machines à voir et qui vous hypnotisent, les bruits de vos machines à son et qui vous rendent sourds ? Je crains même, pour tout dire, que l'usage immodéré des nombres et symboles qui entraînent vos sciences vers l'exploration de l'inconnu, je crains que cette envolée vers l'abstrait et le virtuel n'accroisse encore votre dépendance insensée à la dévoration du temps puisque aucune réalité ne vient en contrarier l'effervescence. Croyez-vous que vous pourrez tenir longtemps ce train-là sans que n'éclate une de ces crises violentes que porte, comme la nuée l'orage, votre *« ubris »*, cette démesure où nos Grecs voyaient déjà le pire de l'homme ?

Je ne suis pas surpris que vous ayez tant déifié le changement et que vos hommes publics s'agenouillent sans fin devant l'instabilité, la mobilité, la variation où ils voient les fondements du progrès humain. Je veux bien que la nature et la vie soient elles-mêmes tout entières assujetties au changement. Mais, justement, vous qui tirez gloire d'avoir tant maîtrisé la nature, que n'avez-vous édifié des abris de sagesse où vous gagneriez en dignité ce que vous perdez dans le divertissement et les vertiges de l'accélération ? Que faites-vous de la lenteur ? De la noble lenteur ?

Après avoir visité l'espace, songeriez-vous à vaincre le temps, à précéder le temps qui fuit ? Quelle folie ! Cher Antoine, tu n'es déjà plus l'archer qui bande son arc vers un but médité, tu n'as pas non plus atteint quelque cible choisie et gagnée par volonté. Tu chevauches la flèche, tu te confonds avec la flèche. Comme celle de Zénon « tu vibres, voles et ne voles pas »...

Pardonne-moi ces conseils, ce sont, je le sais, conseils d'ancien (de seize siècles).

Aurélien

Antoine à Aurélien

Tu te trompes, cher Aurélien, nous ne craignons pas les machines que nous avons inventées ; nous craignons les hommes et d'abord leur nombre. Sur la planète, cinq millions d'humains à ton époque, et six milliards à la mienne, dont cinq nous sont échus dans le seul dernier siècle. Très vite, trop vite... Parmi eux, un quart de riches, tous chez nous, et trois quarts de pauvres, qui – ta Rome sait de quoi je parle ! – commencent de nous investir par d'irrésistibles migrations.

Retiens enfin que sur ces pauvres règnent des croyances inébranlables. Si bien qu'ils abordent leur siècle de fer tandis que nous abordons l'âge des plaisirs. Ils sont à nos peuples incrédules ce que sont les chrétiens pour ta Rome sans dieux...

Antoine

Antoine à Aurélien

« Lucrèce avait tout deviné... » : C'est tout ce que tu trouves à dire pour accueillir le récit de nos découvertes ? Cher Aurélien, tu exagères ! Mais tu éclaires, et tant mieux, un plaisant paradoxe : te voici moins étonné que nous-mêmes par les explorations de notre science.

C'est j'en suis sûr qu'à tes yeux la science de mon temps n'a rien à dire de bien décisif quant à Dieu et la Création. Il est vrai qu'elle s'échine elle-même à douter de ses instruments, à démontrer le principe d'incertitude dans le mouvement des galaxies ou l'infime composition de la matière, et par là même ne fait que conforter l'épicurisme sceptique qui l'emporte chez toi.

Tandis que nous qui avons été tant enseignés, éduqués, imprégnés durant des siècles par l'Eglise chrétienne, par sa trace ineffable dans nos livres, nos peintures, nos musiques, nos cathédrales, nos calvaires, nous qui baptisons encore nos enfants et conduisons nos morts dans nos quarante mille églises de France, nous qui avons tant fréquenté Adam et Eve et les saints de toutes sortes, tant marmonné les fables des Evangiles, tant fêté à Noël et Pâques la naissance et la résurrection du Christ, même si nous ne savons plus aujourd'hui ce que nous fêtons, nous qui avons été nourris, fussions-nous laïcs, de l'hostie chrétienne, nous qui vivions sous l'œil multiple du péché dans l'attente du Jugement Dernier tandis qu'anges et démons peuplaient nos jours et nos nuits d'hôtes aussi familiers que, pour toi, la tumultueuse cohorte de l'Olympe, nous sentons bien que notre révolution scientifique et technique, si elle ne veut ni ne peut rien contre Dieu ou le mystère de l'Etre, n'aura cessé d'asphyxier l'air chrétien, l'idée chrétienne, le mystère chrétien. Dieu n'est pas mort, mais Jésus expire.

Exemple : dans la genèse nouvelle que notre astronomie propose, où irait-on chercher le couple fondateur de l'humanité, l'arbre du Bien et du Mal et la désobéissance fatale d'un péché originel à expier sans nulle cesse ? En un demi-siècle, le péché qui réglait nos morales selon l'enseignement de l'Eglise et les encycliques des papes, le péché qui bridait nos instincts, rôdait le jour sur les consciences des maîtres et des serviteurs et qui, la nuit, tenait en laisse nos voluptés, le péché s'est évanoui !

De même, toutes nos vérités deviennent relatives. Aucun horloger surnaturel ne règle désormais nos pendules. Le troupeau d'Occident déserte la bergerie du pasteur de Nazareth. Il erre sans autre direction que celle où l'entraînent les servitudes terrestres, les échanges de productions et de commerces, l'arbitrage de l'utile et de l'argent. Et l'espérance, tendue jusqu'à rompre, que la science qui a tant fait pour lui apportera à ses enfants le bonheur qui le fuit...

Antoine

Aurélien à Antoine

Vous savez trop de choses. Est-ce que cela ne vous empêche pas de réfléchir ?

Vale et me ama,
Aurélien

Antoine à Aurélien

Hier, à Lectoure (ta Lactora), non loin de chez moi (de chez nous), on m'invite à voir une pierre tombale de ton siècle, que des travaux viennent de déterrer. On peut encore y déchiffrer cette épitaphe : « Jadis je n'étais pas ; puis je fus et je m'en souviens ; désormais je ne suis plus et je n'en ai cure... » Emotion de retrouver dans une bourgade qui te fut familière ces mots bien dans ta manière, jetés à la postérité. Un de tes amis peut-être ?... Qui donc, aujourd'hui, voudrait ainsi apostropher sa mort ?

Antoine

Aurélien à Antoine

Ausone, revenu de Trèves, nous a lu hier soir à sa manière incantatoire son dernier poème dédié à la fuite du temps. Hélas l'inspiration m'en paraît pauvre. On y ressasse la métaphore convenue sur le destin des roses sitôt nées, sitôt flétries. Quelque chose comme « Fillette, allons voir si la rose, qui ce matin était éclose... » Et pour finir *« Collige, virgo, rosas... »*, « Cueille dès à présent les roses de la vie ! » Un poème sans avenir !

Aurélien

Antoine à Aurélien

Non, cher Aurélien, la Rome Antique n'est pas tout entière disparue de nos mémoires ! Déjà, notre langue, tu le vois bien, dans son squelette et sa chair, vient tout droit de ton latin et nous donne un peu de tes yeux et de tes oreilles. Jusque dans les sombres siècles qui suivirent la mort de l'Empire, et en dépit des saccages et des incendies, le courant ne fut jamais rompu qui déposa jusqu'à nous les vestiges de vos arts et les écrits de vos illustres.

Sans doute la couleur de vos fresques et de vos portraits nous manque-t-elle, mais on la devine sur des parois que les laves des volcans ou le soleil d'Afrique ont miraculeusement protégées des ravages du temps. Dans nos musées, sais-tu que quelques citoyens de ton époque, saisis par tes peintres, nous fixent encore de leurs prunelles profondes ? Sur les doigts de leurs femmes aux contours frémissants, à l'incarnat préservé, nous croyons voir pépier le moineau de Lesbie... Et votre pont du Gard défile encore en tête des troupeaux des ponts de France. Quant à vos mosaïques, de la Gaule à la Syrie, de l'Ecosse à Carthage, elles nous racontent encore les travaux et les jours de Rome sur tous les sols qu'un pied romain foula.

Et puis, surtout, dis-toi que nos maîtres n'ont cessé

au fil des siècles d'entretenir le foyer romain. Le latin même, langue de l'Ecole, de l'Eglise et de la Science, aura porté, tout au long de notre histoire, le grand souffle de l'esprit européen et cet accord sublime du Beau et du Bien dans l'art de vivre en société.

Aujourd'hui, il est vrai, les cendres de ce foyer ne rougeoient plus qu'à peine et, hors la maigre troupe des vestales universitaires, il n'y a plus grand monde pour ranimer la flamme. Mais va-t'en savoir! Personne, c'est certain, ne croit plus au miracle d'une seconde Renaissance de l'univers antique. Mais la première – te l'ai-je écrit? – ne fut pas elle-même sans mystère.

Figure-toi que près de dix siècles après ton temps, on vit déferler à Rome, Naples et Florence une soudaine ferveur pour Alexandre et César, pour Homère et Virgile, chez les princes, les cardinaux, les poètes et artistes. Comment te représenter cette folle passion, non seulement d'admirer, mais de « régénérer » tes premiers siècles, d'Auguste à Marc Aurèle, et qui suggéra, pour nommer ces temps recréatifs de notre vieille Europe, le nom de « Renaissance »?

D'Italie, cette passion essaima en France, en Germanie, et l'on vit Grecs et Latins hanter les châteaux, promener leurs toges sur les parvis des hauts temples chrétiens qu'on appelle cathédrales, s'installer au chevet de nos rois et de nos papes, murmurer à l'oreille des orateurs et des poètes, des conteurs et des politiques, redessiner nos monuments, refonder la statuaire, peupler nos bois et rivières de satyres et de nymphes, et mêler à la Vierge et aux Saints, partout installés, de la légende chrétienne, les dieux d'une mythologie ressuscitée, les Apollons et les Dianes, les Muses et les Faunes. C'est sur le mode antique que l'on redécouvrait alors la dignité de l'homme et la majesté de la nature.

Je ne connais pas dans toute l'histoire du monde un tel ressourcement et je peine à te faire entrevoir ce que fut cette dévotion. Sais-tu – exemple entre mille ! – qu'alors le roi de Naples fit restaurer sa demeure sur les plans de Vitruve, se fit donner un os du bras de Tite-Live dont les prétendus ossements venaient d'être exhumés à Padoue... Et que pour faire une entrée solennelle dans sa ville, il fit ouvrir le mur d'enceinte afin d'apparaître sur un char d'or en triomphateur romain. Quant au maire de Bordeaux de cette même énigmatique époque, il confie en un livre fameux, où il n'est point de page sans citation de Cicéron ou Sénèque, qu'il fut d'abord éduqué en latin : « Je savais le Capitole avant le Louvre et le Tibre avant la Seine... » La féerie enfantine qu'il lisait à huit ans, c'était Ovide et ses *Métamorphoses*.

Partout une Rome – fort idéalisée, tu t'en doutes... – dispense une image flatteuse de courage et de sagesse, une Rome libre, équitable et rayonnante, et qui réunit par le goût et la rigueur, par le droit et la force, l'Athènes des arts et la Sparte des armes. Plusieurs cours princières, des villes, des provinces entières retrouvent une direction spirituelle nouvelle sous l'égide d'un Scipion légendaire conciliant l'amour des lettres et celui de la patrie. Tu n'oseras le croire mais après cette Renaissance, pendant deux siècles encore, les hommes les plus distingués de France vivront et agiront selon l'ancienne Rome, « moulés au patron d'autres siècles que le leur». Moulés sur tes propres siècles, cher Aurélien! On disputait encore à la cour du plus grand roi de notre plus grand siècle, Louis XIV – notre Auguste en somme –, s'il convenait d'entreprendre l'éducation du Dauphin seulement en latin ou avec le français. C'était le temps où la querelle des Anciens et des Modernes divisait la Cour et la Ville, les anciens défendant, non sans pertinence, la vertu pérenne des siècles antiques. Lorsque chez nous sonna la fin de la monarchie, une noblesse agonisante apprenait encore en son enfance Ovide et Virgile.

Les fondateurs de notre République qui décapitèrent, voici deux siècles, le roi de France invoquaient Caton et sa République. Un de nos grands écrivains fameux par ses « confessions » disait qu'en son adolescence il fut d'abord grec et latin. Peut-être même que l'Antiquité, à force de l'impressionner, a un peu gâté la France, « tant vos grands hommes idéalisés auront justifié toutes les ambitions, toutes les postures », et « couvert de la toge nombre de médiocrités ». Dans le brouhaha des assemblées de notre révolution, dans le silence des prisons et le vestibule des bourreaux, il n'en est pas un qui ne se prît pour un héros de Plutarque. Il y a moins d'un siècle, dans nos grands collèges de France, on concourait encore pour l'éloquence latine et l'on traduisait en vers Tibulle et Properce...

Ces temps-là sont loin de toi, et déjà loin de moi, cher Aurélien! Sache néanmoins que pour expliquer, dans ces quinze et seizième siècles de notre ère chrétienne, ce miracle de la Renaissance, cette étonnante résurrection, plusieurs de nos savants soutiennent qu'en moins de cinquante ans, d'abord la découverte simultanée du nouveau monde américain, puis la Réforme de l'Eglise chrétienne et enfin la diffusion du livre par l'imprimerie naissante firent, toutes trois, tomber les murs d'une société close et confinée. C'est devant cet ébranlement que l'Europe artiste entreprit de chercher dans l'Antiquité un nouveau viatique...

Eh bien, je crois parfois – oui, mon ami! – qu'aujourd'hui la découverte, d'abord, de l'espace sidéral, puis l'effondrement du système chrétien et enfin la révolution des systèmes de communication renouvellent, d'un même triplé, la même conjonction explosive. Qu'elles rompent à leur tour le cocon d'un ordre épuisé. Qu'un autre appel d'air viendra de notre vieux monde. Et qu'une autre Renaissance inspirera une énergie nouvelle à des peuples fatigués. Alors, qui sait? Socrate et Epictète apparaîtront-ils encore aux nouveaux Renaissants comme les plus proches des hommes...

Antoine

Aurélien à Antoine

Effrayé, effaré, je te sens assommé, devant ta boîte à images, devant les dizaines de milliers de morts de ce tremblement de terre dont tu me peins – trois lettres déjà là-dessus ! – toutes les misères. « On ne parle que de ça », me dis-tu. Sans doute ! Mais pense, plutôt, qu'à ton époque, la diffusion instantanée, par le vaste monde, de toute catastrophe et de ses pénibles images n'en multiplie que trop le choc et ne vous rend que trop impressionnables. Elle exagère l'émotion qui se nourrit, on le voit bien à chaque enterrement, de l'effusion collective... Dans tes boîtes à images, on voit les victimes expirer, ce qui, à mon époque, nous est épargné. Puis vous assistez par dizaines de millions à leurs funérailles... Rien de tel, mon ami, chez nous !

Ludovicus Sebastianus Mercurius, un rhéteur de mon cercle de stoïciens, enseigne fort bien comment il convient d'accueillir ces désastres : « Ils ne diffèrent, dit-il, que par le nombre des calamités ordinaires de la vie... Chaque être ne porte que le fardeau de sa propre douleur. Ces malheureux devaient tous expirer dans le cours de quelques années : ils sont morts le même jour, voilà toute la différence ! Tel qui s'est vu languir dans un lit douloureux au milieu de sa famille, a plus souffert que celui qu'un instant fatal a privé de la vie... »

Aurélien

Aurélien à Antoine

Asterios, évêque d'Amaseia, dans le Pont, peste contre notre Fête des Calendes, où l'on célèbre le premier jour de l'an, fête dispendieuse, et propice aux débordements de toutes sortes : « Des soldats, écrit-il, défilent déguisés en femmes avec une robe qui leur descend aux chevilles, un soutien-gorge, un chignon... Sur leurs chars, ils feignent de filer la quenouille ou se tortillent avec des cris de filles chatouillées... »

Trouve-t-on, chez vous aussi, de ces gaies parades qui indignent les évêques, les matrones et les laboureurs ?

Vale,
Aurélien

Antoine à Aurélien

Comme toi, je résiste avec des mots à la déchéance du vieil ordre. Mais nos mots sentent déjà le moisi, sortis qu'ils sont des placards désertés de la littérature.

Antoine

Aurélien à Antoine

Nous avons, cher Antoine, des quantités d'amours diverses. Mais aucun qui ressemble à cet « amour absolu » , à cet « amour fou » , devant lequel vous vous inclinez. Aucun comparable à cette passion, tombant sur vous comme la foudre, qui submerge tous les autres sentiments, et que vous prétendez néanmoins mêler sans vergogne à vos mariages. Cet amour-là, c'est chez nous celui de la petite mort, celui des poètes où « nous cueillons à deux, lèvres mêlées, nos âmes délirantes... ». Mais nul ne songerait à faire d'un tel délire, d'une telle exaltation, d'une telle passion, le fondement d'un mariage, le socle d'une famille, le premier des liens sociaux... Qu'à ton époque, vous placiez cet amour-là sur une piédestal m'effare ! La sagesse chez nous n'a, semble-t-il, pas fait un seul pas en deux mille ans ?

Aurélien

Antoine à Aurélien

Voici, puisque tu m'en demandes, quelques autres nouvelles de l'homme. Eh bien, cher Aurélien, il grandit et grossit. Dans les transports publics, depuis près d'un siècle, il était convenu qu'il fallait réserver à chaque passager assis une place de quarante-cinq de nos centimètres (soit une coudée, un cubitus pour toi). Or voici que dans la puissante Amérique on commence d'abolir cette norme nouvelle. Trop étroite pour les modernes fessiers. Le cul, dirait-on, grandit désormais plus vite que le cerveau. Nos savants nous disent que dans l'histoire de l'homme, il y a « décalage constant entre les progrès de l'anatomie et ceux de l'intelligence ».

Antoine

Aurélien à Antoine

En te lisant, je m'amuse à penser que la postérité nous voit toujours en toge. Eh bien, non! Qui, d'ailleurs, de nos jours, saurait exécuter comme il convient ce qui fut le geste majeur du vêtement romain : rejeter avec grâce le pli de la toge vers l'épaule gauche. Par Jupiter, si seulement l'inélégance de mon époque s'en tenait là! La toge, d'abord, n'est plus, mon pauvre ami, depuis plusieurs siècles, le vêtement de ville. Ici, on porte plutôt la dalmatique ou le manteau ajusté, à la gauloise. Et déjà, dans ce resserrement, la dignité rétrécit, qui veut de l'aisance et du drapé. Il y a pire : on voit chaque jour des tuniques négligées, élimées, déchirées, des mantelets grotesques, des chausses trouées et tout un négligé inconnu il y a seulement trente ans, et a fortiori au grand siècle d'Auguste. Signe d'une certaine déchéance populaire. Exhiber dans les rues, disait le poète, une tenue relâchée trahit un relâchement de civisme. C'est peut-être beaucoup dire. Je ne suggère pas la vétilleuse élégance d'un Hortensius : un jour qu'il plaidait contre Cicéron, il avait assigné en justice un maladroit pour avoir, en le bousculant, détruit le plissé de sa toge : délire! Mais sans aller au forum dans la pourpre ou la soie, sans parader, comme ces nouveaux riches, avec manteaux frangés et brodés – lacernes légères qu'ils font flotter sur leurs épaules –, quiconque peut s'offrir un lin propre et bien suspendu. Ainsi le passant ne dérogerait pas aux sveltes colonnades de notre paysage urbain. Ainsi s'embellirait la vie sociale...

En vieux Romain de l'ancien style, je crois qu'il existe une politesse du paraître. Je soupire de la voir renversée par la mode du laisser-aller. C'est sur les places publiques, dans sa mise et ses gestes, qu'on voit une société s'avachir.

Aurélien

Antoine à Aurélien

Cher Aurélien,

Quant au débraillé, je pourrais faire, de mon côté, un pire constat que le tien. Tu n'imagines pas ce que fut à nos grands siècles, le XVIIe, le XVIIIe, l'habit, la coiffure, la chaussure. L'orgueil d'une société triomphante – celle du moins des puissants et de leur clientèle marchande – se lisait sur les fraises et les pourpoints, dans les perruques, les vives teintes des rubans, l'armature brodée de robes qui étaient comme autant d'architectures offertes à l'ornement des corps...

Mais depuis, quelle misère ! Ce siècle-ci a confondu tous les hommes dans la grisaille de costumes étriqués. Il tolère encore aux femmes les caprices de la mode dans la coupe des tissus, l'éclat des couleurs, mais sans rien des grandeurs de jadis. Et depuis deux à trois décennies, c'est une vraie ruine ! Figure-toi qu'un pantalon venu d'Amérique, fait de tissu grossier propre aux gros travaux, est quasiment devenu, pour les hommes et même les femmes, l'uniforme inchangé, usé, élimé, parfois déchiré, de tous, riches et pauvres. J'imagine que jamais dans tes provinces les braies gauloises n'apparurent à ce point indignes des toges romaines et du pallium. Chez nous, à toutes les réunions publiques de commerce ou de loisir, comme sur ces voitures électriques souterraines et qui transportent chaque jour des foules considérables, la guenille gagne du terrain. Et dans une nation où l'eau chaude et les baignoires se rencontrent jusqu'aux demeures populaires, on voit la crasse déferler. Les jeunes hommes laissent pousser en crinière leurs cheveux mal lavés comme les *capillati* de Pétrone qui hantent les bouges et fanges du *Satiricon*. De la misère cachée d'antan on est passé à la misère exhibée. Dans les spectacles, les spectateurs ne se vêtent plus pour honorer leur propre loisir. Le dimanche commence le vendredi, mais personne ne s'endimanche. Au contraire...

Tu as raison ! C'est dans la rue, sur la mine des passants, l'humeur chantante ou chagrine des vendeurs ou chalands, qu'on lit le mieux la santé d'un peuple. Dans nos foules en tout cas, je ne vois de nos jours que déchéance. Le souci obsessif de soi s'y abaisse en irrespect de soi et compromet toute élégance, voire toute dignité publique. Nous sommes peut-être, toi et moi, nés trop jeunes dans un cycle finissant. Dans ce que tu appelles un « âge » agonisant, et qui sent la ruine. Des ruines, il en faut... Nous savons que l'Histoire s'en repaît. Après tout, combien de civilisations sont mortes qui n'en ont point laissé ! Vos ruines, du moins, font encore rêver. Allez, tu le sais fort bien, et même tu l'écris : *« Laudendis preciosor ruinis »* : tu vois ta Rome plus précieuse en ruines admirables... Déjà...

Bien à toi,
Antoine

Aurélien à Antoine

Je suis stupéfait d'apprendre par toi que la croix – la croix de torture sur laquelle succomba le Christ – est devenue un symbole répandu, une sorte d'amulette, et qu'on rencontre jusque sur le sein des hétaïres.

A mon siècle, et sous l'encouragement de nos deux Césars convertis au Galiléen, cette croix, il est vrai, commence de s'installer à côté des Christs représentés en majesté. On peint des croix, on en sculpte dans les lieux de culte à côté du poisson – *ichthus* – qui est aussi leur signe de reconnaissance. Un jour, j'imagine, on verra des Christs anatomiques sur des crucifix vendus en commerce, des squelettes cloutés...

Chaque fois que j'aperçois une croix, fût-elle nue et abstraite, cela fâche en moi le vieux Romain. Quelle bizarre fascination que d'exalter l'instrument de supplice des condamnés ! Eduqué dans la représentation de la divinité triomphante – et quoi que j'en pense –, je ne puis m'habituer à cette obsession orientale d'un messie sanguinolent. L'idée que la croix, au fil des siècles, ait été banalisée m'amuse et me répugne à la fois.

Aurélien

Antoine à Aurélien

A Aurélien, Salut.

« Civis et miles. » Citoyen soldat, c'est, m'écris-tu, ce que tu fus en toute simplicité, en toute vertu romaine, avant la bataille d'Amida contre ces terribles peuples de l'Orient, perse et parthe, doués pour la guerre, voués à la guerre. *« Natio pernitiosa »*, dis-tu (ils n'ont guère changé !). C'est là que tu fus saisi, effrayé par la sauvagerie des hommes. Et tu me demandes ce qu'il en est des guerres à notre époque. Eh bien, cher Aurélien, elles n'ont pas cessé. Les grandes guerres vécues dans ma jeunesse et qui mirent aux prises les grandes puissances sur plusieurs continents, celles-là ont (provisoirement) disparu. La dernière a fait quasiment cinquante millions de morts.

Depuis un demi-siècle, les guerres opposent plutôt des petits peuples, des religions, des races. Tu vois que là-dessus l'homme ne bouge guère. La nouveauté, c'est que la science galope et introduit entre les nations des inégalités qui exagèrent comme jamais la capricieuse fortune des armes. Chez ceux qui sont à la fois riches et savants, la guerre idéale est une guerre sans mort. Chez les autres, c'est toujours le sang, les sanies et les cadavres que l'on met aux enchères.

J'espère t'étonner en te disant que le dernier conflit entre le puissant pays d'Amérique et les descendants en Irak de tes Parthes et Perses d'Amida s'acheva sur un bilan d'une proportion inconnue dans l'histoire du monde : cent cinquante mille morts chez les uns, huit chez les autres. Quant à l'intervention punitive menée chez les Daces – entre Serbes et Kosovars – qui, ces temps-ci, s'entre-tuaient selon leur ordinaire, elle a fait chez eux dix mille morts. Et chez nous, aucun ! Amen, disent les chrétiens !

Vale,
Antoine

Aurélien à Antoine, salut,

Voici déjà quelques semaines que je voulais te conter mon affreuse visite à Lactora (Lectoure) pour que tu voies de quelles séquelles de religion sanglante nous sommes encore environnés. Figure-toi que le frère d'un de mes affranchis, un ancien fantassin de nos légions de Smyrne, nous a indiqué qu'il se pratiquait à quelques pas d'ici le sacrifice du taurobole et qu'il s'offrait à m'y amener.

Mon ami, quelle aventure ! Je savais que nos soldats d'Asie avaient rapporté de Phrygie, et des cultes de Mithra ou de Cybèle, des sacrifices étranges, mais je ne les imaginais pas si barbares. Vois plutôt : près d'un bois d'oliviers, aux portes même de Lactora, je me trouve entouré d'une vingtaine de fidèles transpirants qui venaient de creuser une profonde fosse dans le sol. On me dit qu'un myste, ou un postulant s'y est enfoui avant mon arrivée. Au-dessus de la fosse, des aides jettent des planches mais bien disjointes pour former un plancher de claire-voie. Alors voici qu'un groupe de vachers amène sur la fosse un taureau aux cornes fleuries de giroflées, au front barré d'une chaînette, au poitrail bardé de caparaçons dorés. On l'entrave longuement. Deux servants s'approchent, dont la toge est drapée comme pour les sacrifices, tête couverte et pans formant ceinture. Ce sont, j'imagine, les flamines préposés à l'immolation. Eh bien oui ! Ils fichent deux énormes épieux dans les flancs du taureau. Son sang bouillonne et se répand tout chaud, s'écoule dans la fosse par les fentes de la paroi. La bête se raidit en plusieurs spasmes, et vient un temps interminable avant qu'elle ne soit vidée.

Soudain, le postulant qui, dessous, dans la fosse, s'était offert à cette pluie barbare sort hagard et tout dégouttant de sang, les yeux, la barbe et les cheveux déjà collés par les caillots qui se forment. Il a l'air hébété, le regard brillant et extatique. Voilà, me dit-on, il vient d'être « initié »... Grand bien lui fasse ! Autour de lui, des fidèles se pressent pour toucher sur sa toge le sang figé de l'animal. On m'invite à faire de même, et l'on s'écarte pour me laisser le passage. Mais je reste révulsé et interdit... Et je m'en vais non sans murmurer que, tout magistrat que je sois, je ne suis pas venu là avec l'intention de sévir.

Ces cérémonies m'écœurent, mais, ma foi, qu'ils croient donc ce qu'ils veulent... Je ne suis guère surpris que notre empereur Elagabal ait été « initié » lui aussi, il y a plus d'un siècle, dans une semblable fosse, au taurobole des adorateurs de Cybèle. Et encore moins que cet extravagant, perclus de tous les vices d'Orient, ait été l'abject fossoyeur de la religion de nos pères.

Si je te conte la persistance de cette démesure, c'est pour te montrer que le surnaturel ne nous lâche pas. L'Empire reste infesté de surnaturel, et les chrétiens ne sont pas les seuls que tourmentent le corps et le sang de leur Dieu trop humain, dont ils avalent les symboles...

Je me contente seulement de ne pas trahir mes propres sentiments devant toutes ces folies qui ont mis à bas l'arrangement délicieux que nous avions avec nos dieux. Dans mon Olympe, ils étaient si nombreux qu'on s'aidait de l'un contre l'autre. Et, entre nous, on n'y croyait guère ! Mais voilà, nos princes en ont décidé autrement. Ils se sont peu à peu – et sauf ce cher Julien ! – convertis aux dévotions chrétiennes. Il est devenu prudent de ne pas contredire leur ferveur de catéchumènes. Ces religions du Dieu unique venues de l'Orient fiévreux ne sont pas moins redoutables que celles des Gaulois ou des Germains. Pauvres de nous ! Pourquoi donc avons-nous oublié cette vérité du grand Lucrèce : *« Tantum religio suasit malorum... »,* Que de malheurs la religion a-t-elle engendrés ! Ce qui me stupéfie, c'est qu'à vos siècles où vous savez tant de choses, vous n'avez pas encore, semble-t-il, su brider ces délires qui s'échappent de nos pensées comme chevaux emballés.

Il reste que je suis libre – *intus et in cute*, dans le secret de mes pensées – de voir tout autrement les choses de la vie et de la mort. Je puis même – pourquoi pas ? – les livrer en paix au secret garanti de notre courrier. Alors les voici : il n'y a rien à craindre des dieux (entre nous, ils ne s'occupent de rien), et rien non plus à redouter dans la mort. Le bien est atteignable, le mal est souvent supportable. Et quand il ne l'est plus, il est en notre pouvoir de l'abréger en disparaissant avec lui. Tu connais le conseil d'Epictète : « De la fumée dans la maison ? S'il n'y en a pas trop, je reste. S'il y en a trop, je sors... » Et je n'oublie pas que la porte est ouverte : on peut, si l'on en a la volonté et la force, mourir de son vivant. On peut se tuer. C'est ce que je me dis, chaque jour, entre les narcisses et l'acanthe de mon jardin qu'Ausone appelle pour se moquer : le jardin d'Epicure.

Aurélien

Antoine à Aurélien

Tu me demandes, non sans quelque ironie, si l'homme de mon temps est plus « intelligent » que ton contemporain. L'intelligence, ni toi ni moi ne savons ce qu'elle est (*mens ? ingenium ? intellectus ?*). Mais si tu me questionnes, comme je l'imagine, sur l'instrument corporel, en l'occurrence le cerveau, qui nous permet de percevoir et comprendre, et que tu veuilles savoir s'il a depuis ton temps changé, ma foi, la réponse est non ! (Je me suis renseigné.)

Quinze milliards d'années, je te l'ai déjà dit, c'est l'âge de l'univers ; quatre, celui de la terre ; trois, celui de l'apparition de la vie. Rapprochée de ces mirobolantes étendues, l'ère toute récente de l'homo sapiens – le plus achevé de l'espèce homo – n'occupe que les trente mille dernières années. Autant dire un soupir dans l'histoire de l'univers, un spasme dans l'histoire de la vie. Ta vie, la mienne sont suspendues dans cet éclair. Et nous y sommes semblablement constitués.

Ce qui nous fait croire à quelques différences de nature, c'est que chaque génération dispose de savoirs légués par celles qui l'ont précédée. Et d'autant plus gigantesques aujourd'hui que nos machines à engranger les mémoires accroissent dans des proportions infinies celles qui n'étaient jadis transmises que par le langage puis par l'écriture. Mais pour aborder, à la naissance, ce neuf et immense savoir, un enfant d'aujourd'hui – et compte tenu de la diversité inhérente à chaque individu – dispose des mêmes capacités que son ancêtre des cavernes. Même vue, quoique formée à d'autres observations, mêmes oreilles, quoique rompues à d'autres sons, même odorat, même toucher, même petit tas d'os et de viscères ! Dans les seize siècles qui nous séparent, l'homme de nos contrées gallo-romaines a certes grandi d'une portée de main, pas mal grossi aussi. De même vit-il beaucoup plus vieux. Mais ses instruments intellectuels restent, dans leur composition, inchangés.

Nous peinons à le croire, tant notre science de l'évolution nous convainc de son incessant travail sur les vivants. Alors oui, peut-être, la nature, si corrompue dans les zones les plus peuplées de la planète, n'offre-t-elle pas à nos corps le même air à respirer... Oui, peut-être la composition de notre sang se trouve-t-elle altérée par la couche des fumées issues de nos machines. Mais rien, au fond, de plus conséquent que ce saturnisme, cet empoisonnement insidieux venu du plomb de votre propre vaisselle. Sache, en tout cas, que nos meilleurs savants pensent qu'un enfant né il y a vingt mille ans à l'âge des cavernes, s'il se trouvait élevé parmi nous, ne se distinguerait pas. Survivre dans les cruautés de la vie ancestrale exigeait autant d'agilité d'esprit que dans mon univers mécanisé.

Si trente mille années n'ont donc pratiquement rien changé du cerveau de l'homme, que dire des minuscules seize siècles qui nous séparent ? La richesse de pensée d'un Démocrite, d'un Archimède, d'un Socrate, n'est point dépassée par celle de nos princes de l'esprit qui disposent, eux, d'un tout autre legs de connaissances. Je sais bien que notre cerveau a durant ces seize siècles reçu une empreinte culturelle, laquelle persiste, dit-on, dans certaines de ses connexions. Mais on nous assure aussitôt que « l'architecture fonctionnelle du cerveau n'a pas changé ».

Alors, tu le vois, cher Aurélien, nous sommes faits de la même pâte. Nous en doutons parce que chaque période de temps, chaque tranche d'espace, forment pour les sociétés humaines des habitacles singuliers. Mais tous soumis pourtant à une condition inchangée depuis trente mille ans. Et, plus inchangée encore, dans un « éclair » de seize siècles. Entre l'*hominis constructio* de Cicéron et la nôtre, point de différence. Nous sommes frères, je te le confirme. Et nos âmes, s'il en est, voguent dans la même nacelle.

Antoine

Aurélien à Antoine

Aurélien Antonio suo salutem,

Pour la première fois, j'ai surpris un ami – ce Paulin de Nole que tu sais – occupé à lire sans oraliser, je veux dire sans murmurer les mots et phrases au fil de sa lecture. Il était assis près du vieil orme de sa villa de Bazas ; des enfants et un chien jouaient, autour de lui, sous une charmille. Il ne savait pas que je l'observais : ses lèvres étaient immobiles et pourtant ses yeux couraient de la gauche à la droite d'un antique *volumen* de sa bibliothèque.

Je fus très troublé de rencontrer sur son visage ce détachement de la parole et de la chose écrite. Tu sais que notre peuple est celui du verbe, de l'éloquence, de la démonstration orale, de la rhétorique, du conciliabule et de la diatribe, de la sentence ou de l'insulte. Le mot chez nous vient des viscères, et n'est fondé, modifié, poli que par la langue. Je redoute de le voir quitter la couleur des voix et le rythme de la phrase parlée. Comment Virgile peut-il être seulement lu et non pas dit ? Sa poésie, sans la chaleur et le frémissement du son, se décolore.

Le cheminement d'une pensée détachée de la voix me met mal à l'aise. Déjà, j'ai dû te le dire, je ne mets rien, en fait de plaisir littéraire, au-dessus de la récitation poétique et de la conversation. J'en veux pour seule preuve que la plume d'Ausone lui-même peine à remplacer le feu de son improvisation, l'enchaînement brûlant de ses idées, la cavalcade de ses emportements oratoires... Caïus Gracchus, pour ses fameuses harangues, se faisait accompagner d'un joueur de flûte. Sur son syrinx d'ivoire, et d'un son soit calme soit vif (*tum placidis, tum citatis*, dit-on), ce compagnon avait pour but de contenir ou, au contraire, d'exciter la véhémence de l'orateur.

Sans vouloir, en toutes circonstances, tirer ainsi la phrase vers le son – comme dans la poésie ou l'éloquence –, je m'inquiète de voir la pensée quitter le corps, se désincarner et prétendre à l'exercice épuré de l'esprit. C'est dans le corps, avec le corps, par le corps que nous vivons notre condition, avec lui que nous naissons et mourons. Et je crains vaguement que la pensée, en s'isolant, ne se prenne pour divine et n'en vienne à oublier l'humaine nature. Je ne sais comment te dire mais le pur tête-à-tête avec l'idée m'effraie : il me semble que son abstraction incline à une illusion de puissance, qu'elle s'efforce à je ne sais quoi d'irréel, et qu'elle éteint du même coup l'aménité chaleureuse et prudente du commerce des vivants. Bref, qu'elle ôte à l'esprit, libéré de ses contraintes, la vertu d'équilibre et de mesure. Combien de rhéteurs tombent dans une idée comme dans un précipice ! Je me doute que tu vas bien rire de mes craintes, et de cette échappée raisonneuse sur les lèvres fermées de Paulin pendant sa lecture. Mais dis-moi plutôt ce qu'elle est, chez vous, devenue.

Vale et me ama,
Aurélien

Antoine à Aurélien

Salut à toi, cher Elusate ! J'admire comme, du fond de ton siècle indécis, tu interroges l'aventure humaine... Je me moque ? A peine... Tu philosophes sur cet abandon de la lecture murmurée. Et puis voilà que tu me demandes avec une feinte innocence ce qu'il advient chez nous de la lecture...

Ma foi, cher Aurélien, la lecture chez nous est mal en point, et l'écrit lui-même ne se porte pas bien. Ne crois pas, pour autant, que la parole se revanche. Tout au contraire ! L'écrit persiste tel que toi et moi le pratiquons, mais pour toutes les fonctions de transmissions et d'échanges rapides et lointains, nous commençons de nous passer de lui. Il perd ses voyelles et ses consonnes, il se change en codes chiffrés qui parcourent le monde à toute heure et en tout sens. Ce code que nous disons numérique prétend tout réduire à une combinaison de deux éléments : le 1 et ce fameux 0 que vous n'avez pas su découvrir – image du vide ! – et que les Arabes nous ont transmis de l'Inde qui l'inventa. Depuis, nous ne calculons qu'avec ce superbe zéro qui a donné le premier branle à notre conquête mathématique.

Sache au moins que, dans notre nouveau code, la couleur rouge intense se dit ainsi : (IIII IIII,

00 00 0000, 0000 0000...) Et que tous ces signes peuvent être transcrits par milliards dans des millionièmes de secondes... Est-ce que tu me suis ? Ce même code étend ainsi dans l'atmosphère d'invisibles nuées. Il circule comme un vent, un courant d'air, et mille zéphyrs de signes invisibles environnent les hommes. En vérité, le triomphe de ces réseaux est tout récent, et bien des vieillards répugnent à s'y abandonner. Leur emprise va pourtant, j'en suis sûr, changer le monde. Au moins autant que la propagation de l'écriture.

J'aurais d'abord dû te dire que depuis quatre siècles seuls les petits enfants parlent – nous disons ânonnent – ce qu'ils lisent. Il en va ainsi depuis qu'en ces quatre siècles, le livre s'est répandu par milliards de par le monde. Par quel miracle ? Par une de ces inventions magistrales qui allaient tout bouleverser : celle des machines capables d'imprimer à répétition des lettres de plomb sur des feuilles de papier qui sont, comme celui que tu es en train de lire, nos modernes papyrus. Les machines « impriment » des livres selon le même principe (et d'ailleurs selon le même mot *imprimare*) dont vous vous servez pour l'impression de vos sceaux personnels sur les tablettes de cire. Or, au fur et à mesure que la confection des livres passa de la main de vos malheureux copistes jusqu'à ces machines innombrables capables de les imprimer partout et sans relâche, la familiarité, la commodité croissantes des livres firent que la lecture, gagnant peu à peu le plus gros de la population, se fit avec nos seuls yeux et sans le secours de la parole. Plusieurs sortes de savoirs, peu à peu communs, se mirent alors à flotter sur tous les hommes capables de lire et comprendre. Entre eux, les livres portaient des mots et des choses, des idées et des rêves détachés de tout son. On rencontrait bien encore chez nous, il y a cent ans, un écrivain conteur de récits imaginaires qui lisait chez lui, et à toute heure, les textes qu'il créait. Il les faisait passer, disait-il, par son « gueuloir » afin de s'assurer que leur rythme, leur timbre sonneraient dans la cervelle du lecteur comme dans sa propre tête.

« Ecrire avec ses oreilles... » Ultime et anecdotique conseil, ultime hommage à la saveur corporelle du verbe ! Car si les poètes (d'ailleurs en voie de disparition) se soucient encore de la musique du mot et des phrases, la prose, elle, s'anémie, le vocabulaire se raréfie, la syntaxe s'appauvrit. Oui, cher Aurélien, l'écriture est bien loin de nos lèvres. Les idées l'entraînent dans leur éther, loin des battements de notre sang, des couleurs de nos yeux, des accents de nos voix.

Je pressens que la dernière mue, celle de l'écriture vers le code numérique, va décolorer un peu plus encore nos échanges. On communiquera de plus en plus mais on se parlera de moins en moins. Déjà la conversation telle que tu la prises, agonise. Et déjà s'éteint l'éloquence : elle ira rejoindre la rhétorique, la tragédie, le grand théâtre de musique et de danse qu'on appelle l'opéra dans la vaste crypte des arts défunts... Mais faut-il là-dessus gémir ? Pas sûr ! Le monde sera autre, voilà tout ! Nous n'avons cure en tout cas de ce que nous laissons derrière nous. Nous jouissons du vertige de puissance et de vitesse où s'oublient la pesanteur et peut-être aussi la densité de la chair et de la glèbe.

Je sais bien ce que tu vas me dire, que nos corps restent lents et lourds... Mais nos pensées, elles, volent plus vite que nos machines volantes. Nous ne pouvons oublier qu'en un demi-millénaire nos machines mécaniques, électriques, chimiques, atomiques auront, pour un milliard d'hommes, allégé la peine des travaux et des jours. Pourquoi ne pas espérer en la mobilisation aisée et rapide de toutes sortes de savoirs, circulant à la vitesse de l'éclair ? Ne penses-tu pas que nos esprits, tirés par ces messagers volatils, deviendront plus rapides et légers, mieux préparés à se comprendre et se concerter dans notre planète rétrécie ? Suis-je naïf ? Il m'arrive de douter. Rassure-moi, cher Aurélien, toi qui m'observe du lointain de ton passé ! J'aime avec toi y jeter l'ancre...

Antoine

Aurélien à Antoine

Cher Antoine, je ne te sens guère assuré – tout auréolé que tu sois des mirifiques conquêtes de tes contemporains – sur ce nuage de bâtons et de ronds qui forment votre code numérique et immatériel. L'incertitude de ce qui vous attend te démange et tu t'y grattes jusqu'au sang. C'est une maladie de toutes époques, mais il me semble qu'elle frappe durement la tienne. Chez nous, seuls les Orientaux, les Phéniciens, les esclaves, quelques affranchis sont à ce point saisis du même mal, mais les citoyens romains, comme moi de l'ancienne école, paraissent mieux immunisés.

J'ignore, en vérité, comment vous philosophez puisque la science va, chez vous, un tel train qu'elle a déjà bousculé, à ce que je comprends, en trois ou quatre siècles, toutes vos théories et supputations sur l'au-delà, les mystères du monde, la composition de la matière. Mais je présume que la science n'a toujours rien à dire sur le mystère de ce qui est et pourquoi il est. Rien à dire sur l'éternelle question : « Pourquoi y a-t-il quelque chose plutôt que rien ? » Si Dieu – ou quelque réponse convaincante – se trouvait au bout de tes machines communicantes, tu m'en aurais déjà instruit. Puisque tu ne me dis rien, c'est sans doute qu'il n'y a rien de neuf à savoir. Je te conseille alors la seule philosophie qui vaille : celle qui nous enseigne à bien vivre et bien mourir. Ce n'est déjà pas une mince affaire...

Je t'avouerai qu'à te lire, je me sens plutôt heureux de ma condition et peu envieux de la tienne. Cet équilibre que mes amis et moi tentons de préserver entre l'*otium* – le loisir – et son contraire le *negotium* – les affaires, le travail –, on dirait que vous n'en avez nulle idée. Il y a, chez tout citoyen romain, un homme qui rêve, comme Lucrèce, à « la divine oisiveté du berger ». Tout paraît chez vous dirigé vers le seul *negotium*, vers la conquête de biens nouveaux, vers la possession de tout, et de tous, et très peu vers le souci de vous connaître pour maîtriser, s'il se peut, la conduite de vos vies. Je ne vois pas que vos machines à tout faire, votre acquis de puissance aient en rien diminué l'horrible légèreté humaine *(fœda hominum levitas)*. De votre vie vous semblez être des visiteurs hagards et pressés. A travers ton courrier, je me représente vos foules comme un nuage tourbillonnant de criquets avides de fondre sur de nouvelles récoltes.

Savez-vous seulement si vous désirez habiter cet espace sidéral que vous découvrez ? Savez-vous comment les hommes que tu me dis de plus en plus nombreux vont se supporter mieux que jadis sur une planète que tu vois rétrécir par vos prodiges de vitesse ? Comment ces populations que les merveilles de ta médecine font de plus en plus âgées vont-elles être acceptées, entretenues par les plus jeunes ? Comment bridera-t-on l'intempérance, la déraison de ceux qui détiennent un armement à ce point terrible qu'il pourrait, m'écris-tu, et j'en suis ahuri, détruire la planète tout entière… Je ne vois dans cette perspective rien de si encourageant pour l'espèce…

J'ai beaucoup rêvé à ce code, à cet assemblage de nombres dont tu me parles. Je me souviens que mes maîtres, pour m'enseigner les pythagoriciens, me répondaient ce qu'en dit Aristote : « Bons mathématiciens, étonnés des analogies des nombres et des choses, ils crurent que les éléments des nombres étaient les éléments des êtres, et que tout le Ciel est un nombre… » Est-ce cela que vous croyez à votre tour ? Pensez-vous, avec votre combinaison de nombres, percer le secret de la matière ? Ou le voyez-vous seulement comme un code apte à transmettre et reconstituer les textes et les rendre aussitôt disponibles ? Cette extension de maîtrise à elle seule m'impressionne et sans doute servira-t-elle, comme tu le penses, l'humanité autant que la propagation de l'écriture. Ton époque y est, je l'espère, préparée…

J'y redouterais, pour ma part – mais c'est une impression née des médiocres techniques de mon temps –, que la distribution instantanée et en quelque sorte mécanique d'un savoir absolu par votre système que tu dis « informatique » ne réprime l'effort que chacun doit faire à travers la lecture pour se l'approprier. Et ne vous racornisse l'esprit en le privant de gymnastique. Car enfin vous désirez, j'imagine, gouverner, par ce même esprit, vos machines et nullement en devenir esclaves…

De même, je craindrais pour mon compte cette mobilité qui t'exalte tellement. Tant je prise, quant à moi, la fermeté d'un ordre stable. *« Sine lare sine sedibus fixis »*, Sans foyer ni assiette ferme, je ne sais plus où je suis ni qui je suis. Je m'échappe à moi-même et je ne vois rien de plus opposé à une vie heureuse. « Le mouvement perpétuel est le fait d'une âme malade. »

Vale et me ama,
Aurélien

Antoine à Aurélien

Je me suis parfois demandé, cher Aurélien, s'il se trouvait, dans notre voisinage, un seul être vivant dont nous puissions, par-delà les siècles, partager la compagnie. Personne évidemment ! Nous partageons – c'est déjà beaucoup – des paysages, des minéraux, quelques ruines de monuments, l'éternité des mers et partout le sable d'innombrables générations de mortels, la poussière, paraît-il, de quatre-vingts milliards de cadavres. Mais aucun vivant, aucun animal pour porter, de ta vie jusqu'à la mienne, la mémoire continue d'une civilisation.

Or voici que cette semaine, j'apprends qu'un incendie vient de calciner un majestueux olivier romain planté sous Tibère, soit bien avant ton ère, et, pour cette longévité, signalé et vénéré tout alentour. Un olivier bimillénaire, un survivant végétal ! Songe que nous aurions pu, moi comme toi, jouir de son ombrage. Et demander à la vivante mémoire d'un arbre ce que nos balbutiements ne peuvent rassembler !

Antoine

Aurélien à Antoine

A Antoine,

Gloire à ton olivier! Paix à ses cendres! Mais m'intrigue l'adoration pour l'Histoire qui perce dans tes propos. Tu en parles comme d'une déesse capricieuse, d'une amante que ton peuple, au fil des temps, devrait séduire et plier à sa merci. Quelle idée te fais-tu donc du Temps? D'où vous vient cette manie de le soumettre à vos songes, de le peupler d'illusions incessantes, sans vous tenir aux seules vérités du commencement et de la fin, entre lesquels s'écoule notre temps exigu et personnel, dans le sablier de nos vies? Votre Histoire est une histoire que vos peuples se racontent et qu'ils finissent par tenir pour véridique. Nous ne connaissons – quant à nous – ni le temps des dieux ni celui de tes historiens. Nous ne connaissons que le nôtre, le temps vécu, lambeau de vie arraché à l'empire aveugle de la fatalité.

Chez nous, je te l'ai déjà dit, toute méditation sur le temps tourne au radotage sur un passé lumineux, un « âge d'or » sombrant dans le triste déclin de vertus évanouies. Cela ne vaut guère mieux, je te l'accorde, que vos lendemains qui chantent. Mais peut-être est-ce moins périlleux!

Aurélien

Antoine à Aurélien

La postérité – tu as raison de t'en plaindre – est une mégère qui met son nez partout. Figure-toi que je tombe sur un quatrain fort leste d'un de nos grands écrivains, Voltaire, et qu'il donne en traduction d'une épigramme latine. Et de qui ? De ton ami Ausone, justement, billet parvenu, on ne sait comment, jusqu'à nous :

« Crispa pour ses amants ne fut jamais farouche ;
Elle offre à leurs plaisirs et sa langue et sa bouche.
Tous ses trous, en tous temps, furent ouverts pour eux.
Célébrons, mes amis, des soins si généreux ! »

Connais-tu cette Crispa, chérie d'Ausone ? Danse-t-elle nue, parfumée de nard et de benjoin, une aiguille d'or dans les cheveux, sur tes tapis de Lydie ? Tu sais sans doute la réponse.

Antoine

Aurélien à Antoine

Pituita me tenet : j'ai attrapé un rhume ! Et je garde le lit. Toute ma maisonnée – sauf les chrétiens, que ce spectacle horrifie – va aux arènes d'Elusa. On y annonce « des crucifiés, une chasse à l'ours et, sur les têtes du public, un voile pare-soleil... » Ce vélum, nous l'attendions depuis cinquante ans ! On ne parle aujourd'hui que de lui dans toute la province. Les jeux sont la grande affaire du peuple. Et le voile de l'arène sa dernière conquête.

Aurélien

Antoine à Aurélien

Pas un mot dans mon courrier, me reproches-tu, sur nos princes républicains du vingtième siècle, ceux de ma nation franque ? Ma foi, c'est vrai, je n'y avais pas songé... C'est sans doute qu'en cette fin de millénaire la force invisible du destin tient nos peuples dans sa poigne et les mène à sa guise. Et que sur le pavois démocratique, les chefs s'évertuent, mais gouvernent de moins en moins.

Seul géant de mon siècle, de Gaulle – Galus Maximus – s'en est allé. Soldat dressé contre la servitude acceptée, il effaça par audace et coup d'éclat la pire défaite française. Sa gloire ensuite lui conféra l'amer devoir de liquider l'Empire français. Mais c'est, je crois bien, le dernier grand César de notre histoire.

Car après lui le pouvoir glisse comme sable des mains de nos monarques élus. A de Gaulle succède Pompidou – Pomponius cunctator –, Auguste circonspect, habile bâtisseur pour qui l'injuste postérité reste ingrate. Puis Giscard – Valerius Gloriosus –, Valéry l'ostentatoire, esprit de clarté géométrique qui conquit le peuple par son brillant et le lassa par ses simagrées. Atteint de la manie narcissique, il gâtait ce qu'il faisait en se regardant faire. Vint ensuite Mitterrand. Il avait, lui, le masque livide, chlorotique et, comme vous le fîtes pour ton empereur surnommé Constance Chlore, nous l'appelions François Chlore. C'était un patricien roué que la plèbe hissa sur le trône. Amant de la vie et cramponné à ses charmes, amant du pouvoir et cramponné à ses philtres, il fut un virtuose dans l'art démagogique. Inégalé dans l'intrigue et la manigance, il ne se trompait jamais que sur l'essentiel. Enfin, et qui règne encore, Chirac – Galus Agricola – court le monde du matin au soir et en tous sens pour conjurer du déclin français l'irréparable outrage.

Tous sanctifient par la loi les changements prodigieux de mœurs qui se sont faits sans eux ; tous rêvent d'unir les peuples de notre vieux continent et de guérir ainsi sa longue fatigue ; tous alourdissent l'impôt. Sous un mol assentiment populaire, les derniers de ces Augustes cohabitent, au sein de leur propre pouvoir, avec leurs adversaires, ce qui encourage la paix publique mais décourage la volonté. Ainsi suivent-ils leurs électeurs qui suivent eux-mêmes le train du monde...

Antoine

Aurélien à Antoine

« Latrine ? » dis-tu, je croyais avoir mal compris mais tu me le confirmes : c'est bien, m'écris-tu, une latrine publique démontée, un tas de sable surmonté d'un oiseau mort, une paire de chausses dépenaillées suspendues à un clou, c'est bien cet attirail qu'un marchand de renom présentait dans ta ville aux amateurs d'art.

Ma foi, cher Antoine, avec toi je m'attends à tout, mais là pour le coup je suis éberlué ! Tu m'expliques que tes artistes expriment ainsi l'angoisse d'une universelle pouillerie. Et que notre idée du Beau est à mettre au cabinet. Tu me dis que cet art-là, en vous jetant à la face ce sordide ou cet immonde, ne vise qu'à choquer. Qu'à renverser les idoles anciennes du Beau. Mais qui choquera-t-il si votre œil s'est habitué au pire ?

Chez vous aussi, me dis-tu, il fut un temps où l'art servait d'abord Dieu – votre Dieu chrétien – puis, ensuite, un autre temps, où il se mit à servir l'homme, sa beauté, son orgueil, sa misère. Pourquoi donc avez-vous rompu cette tradition ? Voulez-vous avec ces déchets et bricoles révérer l'avènement du Rien ? L'impasse de l'art ? La fin d'une certaine idée de l'homme ?

En tout cas, pour moi, c'est à n'y rien comprendre.

Chez nous, l'art honore toujours les dieux, la nature, la vie. Oui, je sais ce qu'on dit, qu'il n'existe chez nous qu'une passive déclinaison de l'art grec... Peut-être ! Tu sais que cette supériorité des Grecs dans l'ordre de l'esprit et du beau, nous l'acceptons comme une évidence. Aussi bien avons-nous fait venir des centaines d'ateliers d'Athènes et copié leurs Alcamènes, leurs Praxitèles depuis des siècles et sans nous lasser. Sur le « Beau », nous ne nous poussons pas du col. Les Grecs en concluent qu'il n'y a pas d'art romain. Possible, mais cela nous indiffère ! Le goût romain, lui, existe. Au fil des siècles un certain savoir-faire qui n'est qu'à nous a pu assimiler les mille talents des provinces ralliées à l'Empire. Et le tout crée, sur plusieurs siècles, un style qui nous est propre, où la beauté se juge pour l'essentiel moins dans la conception que dans l'exécution.

Au fond, l'art ne nous paraît dans sa vraie vocation que lorsqu'il se maintient dans la dignité du « service ». Jadis avec les copies des Grecs nous avons servi les divinités et légendes qui nous étaient communes. Nous servons encore aujourd'hui la même piété dans le culte impérial. Nous servons sur nos bas-reliefs, frises, fresques et tableaux, la vaillance de nos guerriers, la grandeur morale de quelques puissants et la noblesse du couple conjugal. Nous avons servi les jours heureux chantés par Cicéron dans nos prodigieux palais des premiers siècles, ceux de Néron, d'Hadrien, de Trajan, comme dans nos charmantes villégiatures « vouées, elles, aux amours, adultères, festins, musique et promenades en barque »... Cicéron, en les évoquant, oublie les jardins où nous sommes passés maîtres. Il oublie les paysages exotiques et les feuillages peuplés d'oiseaux peints à profusion sur les murs de nos demeures. Nos architectes, tu le sais, sont les meilleurs qui soient. Nous leur laissons le soin d'exprimer grandeur et majesté. Et nous réservons aux décorateurs la fraîcheur bucolique ou sensuelle de nos intérieurs.

Ici, en Aquitaine, je me contente de peintures délicates qui me parlent de mes héroïnes préférées : Ariane, Niobé. Et, dans ma salle de musique, je ne me lasse pas d'un décor inspiré de l'*Odyssée* où les figures contrastées de la magicienne Circé et de la gracieuse Nausicaa imagent le dialogue troublant de la lyre et du syrinx. Je me flatte aussi de posséder un Antinoüs en marbre rouge du cap Ténare, bel éphèbe que je contemple avec les yeux – et parfois la ferveur érotique d'Hadrien. Chez l'ami Ausone, dans sa luxueuse villa de Bazas, ce ne sont sur les pavements que poissons et dauphins, et sur les murs que sangliers, lièvres, paons et colombes... C'est par cette grâce commode et agreste que nous différons des Grecs. Mais aussi, j'y pense, par le traitement que nos sculpteurs et peintres donnent aux bustes et portraits : nous n'idéalisons pas, nous, nos grands hommes ; nous les aimons véridiques jusqu'à l'impitoyable.

Quant à vos latrines, à cette rupture enragée de vos artistes avec leurs prédécesseurs, franchement, elle nous fait horreur, tant nous respectons l'héritage du passé et la fertile tradition. Nous avons, tu le sais, neuf muses pour nous enchanter. Sache qu'elles sont toutes filles d'une même mère Mnémosyne, déesse, elle, de la Mémoire...

Aurélien

Antoine à Aurélien

Juste un mot : Tu me demandes quelle langue domine l'Occident. C'est l'anglais qui gagne un peu partout comme le latin chez toi au grand dam, me dis-tu, des vieux rhéteurs grecs. L'Amérique, dont les premiers colons viennent d'Angleterre et de la vieille Irlande, n'est pas pour rien dans ce raz de marée de leur langue : elle accompagne leur empire de commerce et de techniques. Comme ton latin ton propre Empire.

J'admire d'ailleurs que ta Gaule vaincue se soit, en moins d'un siècle, si aisément convertie à ta propre langue dans l'enseignement, l'armée, l'administration et le commerce. Et que vos Gaulois aient si vite adopté, à la romaine, le *tria nomina* (prénom, nom, surnom). Oui, je sais, tu m'écris bien que le père d'Ausone reste, à ton époque encore, plus à l'aise dans son dialecte qu'en latin, mais j'imagine qu'on trouvera de même, chez nous, dans trois siècles quelques vieillards résistant à l'anglais...

Antoine

Aurélien à Antoine

Tu me diras si tu approuves le résumé de l'histoire des hommes qu'on enseigne à vos enfants. Le voici tel que je le tire de ton courrier et que je te soumets pour être sûr de l'avoir bien saisi.

Dans un très lointain passé, le bipède humain des cavernes confie à des puissances obscures, à des rituels magiques le soin de guider sa flèche et de détourner la foudre. Puis, plus tard, il confie à des dieux spécifiques – nommés et multiples – les mêmes vertus protectrices (Varron, le plus savant de nos Romains, en recensait sous Auguste plusieurs milliers). Ensuite, chez mes contemporains lassés de cette multitude de dieux de plus en plus volatils, s'installent donc à mon époque les religions d'Orient, celles du Dieu unique. Et parmi elles, celle du Christ dont tu sais mieux que moi le prodigieux essor. Enfin, si je te suis bien, un homme nouveau, voué à la raison, illuminé par ce que tu appelles les Lumières, un *homo* en somme réellement *sapiens* succède au *religiosus*. Et maintenant tu m'apprends enfin que l'homme technique – *homo faber* – inaugure une nouvelle ère de l'humanité.

Mais ce que tu bornes ainsi à grands traits, est-ce l'histoire de l'humanité ou bien la seule histoire de l'Occident? Car, à te lire, les premiers succès de l'homme rationnel viennent de Grèce et de Rome et les religions du Dieu unique du foyer juif. Quant à ta raison dite moderne, elle s'élance à t'entendre en Europe occidentale. De même pour les techniques, ces prodigieuses techniques qui, poussées par le boutoir du nouveau continent, ont, me dis-tu, conquis toute la planète. Y a-t-il alors un secret de l'Occident ? Pourquoi lui revient-il d'avoir le premier libéré l'homme des fatalités divines ? Pourquoi lui revient-il d'avoir essaimé ses inventions jusqu'à la lune.

Vale et me ama,
Aurélien

Antoine à Aurélien

Puisque tu me forces à philosopher bien au-dessus de mes moyens, je te dirai que sur le secret de l'Occident les doctes disputent à perte de vue. Si j'en crois d'estimables exégètes, l'explication la plus en vue reste l'hypothèse religieuse : le Dieu unique des chrétiens les convainc de l'harmonie du monde, ce qui les invite à en percer les lois. Mais surtout l'incarnation du Christ, en fondant le libre arbitre, aurait incité les chrétiens à se montrer plus actifs et maîtres d'eux-mêmes, à rompre en tout cas avec les fatalismes des autres pays d'Afrique et d'Asie...

A côté de cette hypothèse, tu trouveras l'hypothèse ethnique (les Blancs sont les plus doués), la climatique (le froid pour la cervelle vaut mieux que le chaud et le tempéré vaut mieux que le froid et le chaud). Tu as encore l'hypothèse géographique (la bonne accessibilité des côtes européennes), l'économique (le Bassin méditerranéen offre depuis l'Egypte, Babylone, la Crète, Tyr et jusqu'aux Colonnes d'Hercule le plus dense réseau d'échanges commerciaux). Ajoute l'hypothèse culturelle, disons la grecque (le noyau du savoir mathématique né du miracle grec n'aurait cessé via Rome et le courant judéo-chrétien de se reproduire et d'inspirer toute l'Europe). Tu trouveras enfin l'hypothèse dite du « hasard », très à la mode à notre époque (la science puis l'industrie seraient nées en Europe par une séquelle d'inventions enchaînées par le mirifique hasard). Mais les critiques de cette thèse s'esclaffent et disent que le même improbable hasard permettrait à des milliers de singes jouant avec des lettres de l'alphabet de former un jour ou l'autre toute l'œuvre, disons, de Cicéron...

La vérité que j'ignore (d'ailleurs il n'y en a pas), c'est sans doute une combinaison complexe de tous ces facteurs qui s'entremêlent sans fin. En revanche, je puis te dire que cette suprématie technique de l'Occident ne cesse de se confirmer. Elle rayonne aujourd'hui encore dans la puissance des armes, l'accumulation des richesses. Et elle crée autour de l'Occident, de plus en plus riche et de moins en moins prolifique, un océan d'envie et de ressentiment chez des peuples devenus, par comparaison, de plus en plus pauvres et de plus en plus prolifiques.

Antoine

Aurélien à Antoine

Eh bien oui, tu t'échauffais, cher Antoine, à bon escient : il y a bien chez nous une Crispa. Crispa l'unique ! Experte, en effet, à l'office de Vénus, mais fameuse aussi par sa silhouette, semblable, comme celle de Nausicaa, à la tige du palmier de Délos. Elle est fille d'un esclave de Carthage, palefrenier aux écuries d'Ausone, et avait à peine quinze ans lorsque mon ami et moi avons découvert ses talents. Comme la servante de l'*Ane d'Or* d'Apulée, elle fait aussi bien « danser les casseroles sur le feu que ses fesses dans un lit ». Mais sa panoplie, crois-moi, est bien plus vaste.

Depuis qu'Ausone a ramené de Trèves, et de la cour de Gratien, la blonde Bissula, une Diane celtique aux yeux durs et volontiers jalouse, Crispa est peu à peu passée de sa maison à la mienne. Lorsque j'eus le malheur de perdre ma chère épouse, Pomponia, je l'ai, pour finir, rachetée à Ausone contre une bourse de solidus d'or et vingt arpents de vigne qu'il guignait. Depuis, Crispa est toute à moi, et excelle en maintes disciplines.

Sans être de ces matrones lettrées comme la redoutable épouse de Symmaque, elle manie avec grâce le calame et le style, la plume et le poinçon, et supplée parfois mon secrétaire. Je la crois de la plus sûre discrétion, et c'est à elle que je dicte de nuit l'ouvrage confidentiel dont je te parlerai un jour. Tu comprends qu'il ne s'agit pas d'une esclave ordinaire. Si je ne l'affranchis point de mon vivant, mon testament lui donnera les ailes de la liberté. Elle les mérite.

Cela dit, je suffoque de penser que par la vertu de quelques vers lubriques, son nom aborde aux époques lointaines. Plutôt que ces services vénériens qu'évoque Ausone, j'eusse préféré qu'on te restituât ses torsades de jais, sa noble cambrure, son piquant accent punique et l'ardeur divine qui, dans le chant, la danse ou l'amour, anime son regard et ses mains. Mais il faudrait pour cela cette machine à capter les images dont tu fais grand cas. Et nous ne disposons pas, nous, de cette féerie...

Aurélien

Antoine à Aurélien

Je balançais à te le dire tout net. Mais à quoi bon ce courrier s'il ne respire la franchise? Alors voici : tes certitudes épicuriennes, l'indifférence appliquée à tout ce qui ne dépend pas de toi, ton scepticisme sur le progrès humain me désolent. Aucune question de ta part, aucune curiosité sur l'arrachement de mes contemporains à d'antiques dépendances, leur affranchissement de tant de servitudes et que je t'ai pourtant contés.

Quelle détestation, chez toi, du changement ! De la récente et prodigieuse transformation de la terre et de l'humanité, tu ne retiens, pour la déprécier, que son accélération, son emballement. A force d'écarter de toi toutes les complexités, hasards, inventions de la vie, tu en viens à n'admirer plus que la nue simplicité de la mort. On dirait que ton seul souci tient à l'équilibre précaire d'un frêle radeau – le tien – dans l'océan de la fatalité. Et que ton viatique se résume au *memento mori*, à te bien souvenir que la mort attend. Et que chaque jour qui passe est un inconsolable adieu.

Dans mon temps où – j'en conviens ! – on ne baigne que trop dans l'idolâtrie futuriste, tu passerais pour un insupportable « réactionnaire ». Ainsi définit-on, pour les couvrir d'anathèmes, ceux qui chez nous perpétuent la réaction conservatrice des adversaires de notre grande Révolution. Une guerre civile qui, dans notre nation franque, décapita il y a deux cents ans le monarque et la monarchie, et sut définir, avec une belle clarté, une charte des Droits de l'Homme qui allait courir les siècles et les continents. Jusqu'à ce point de faire croire que nous les avions inventés...

Note qu'à cet égard je me range sans me tortiller parmi les « réactionnaires » : je ne suis nullement dévot de cette Révolution qui règne en déesse sur notre vie publique. Je suis même convaincu – les Britanniques, les Helvètes, les Bataves, d'autres encore en témoignent – que la liberté n'a pas pour obligation de frayer son chemin sur des jonchées de cadavres. Et qu'au contraire, en se dévoyant, la tyrannie de tous accoucha chez nous du despotisme d'un seul lorsque la République massacreuse enfanta l'Empire d'un Corse...

Mais je m'égare. Cette digression, tu le comprends, n'est que pour me disculper à tes yeux de toute religiosité révolutionnaire. Je hais toujours les prêtres sanguinaires des religions de l'avenir. Mais je veux, à toute force, te convaincre que ma défiance pour les charlatans de l'espérance ne m'empêche pas d'admirer nos conquêtes sur la misère et la servitude. Je ne puis compter pour rien ce que nous appelons le progrès. Et même, vois-tu, si je n'en méconnais pas la face noire. Et même si pour finir, c'est, comme toujours, la mort qui gagne. Et même si l'établissement de la liberté dans nos contrées fut, jusqu'en mon siècle, ruiné par deux dictatures ravageuses...

Mais enfin, tous ces désastres ne m'empêchent pas de voir que, dans nos sociétés, le sort de chacun est de moins en moins soumis aux cruautés élémentaires de l'humaine condition. Et je ne rougis pas d'arpenter avec les plus résolus de mes semblables le chemin qui nous mena depuis les cavernes de nos ancêtres jusqu'à la conquête des étoiles. Ce chemin est sans issue? Peut-être! Je ne ferais, dis-tu, que pousser le rocher de Sisyphe? Peut-être! Mais, dit un ami, il faut croire Sisyphe heureux...

Tu me trouves sans doute encore trop crédule, trop illusionné, bien éloigné en tout cas de tes amères certitudes. Aurélien, écoute-moi : je vais te livrer le fond de ma pensée. Je te concède que la certitude est du côté de la mort. Je te concède qu'il y a dans toute utopie, dans toute espérance, une inaltérable part de fausseté ou de griserie. Je te concède que le constat vrai est « réactionnaire ». Mais voilà, il n'en est pas moins détestable, et à proprement parler invivable.

Comment, dis-tu, tirer un fil de cette pelote embrouillée? Voici le mien. Il se peut que la vie soit un songe, mais il est naturel de la rêver. Il se peut qu'on s'exalte à l'excès pour un progrès aléatoire. Mais vaut-il mieux s'enivrer du pire? Souviens-toi de ton propre adage : « Toutes les heures blessent, la dernière tue. » Laisse-nous soigner les plaies de celles qui blessent, faute de rien pouvoir contre celle qui tue.

Tu vois que, pas plus que toi, je ne m'en remets à la Providence divine. Mais il me plaît de penser qu'une souveraine consolation, qu'un Dieu compatissant aide à vivre tous ceux que l'exercice rationnel de l'esprit n'a pas pliés – asservis? – à sa loi. J'abhorre, comme toi –

n'en doute pas ! –, les fanatiques qui n'installent leur dieu qu'au fil des épées. Mais pourquoi jetterions-nous la pierre aux contemplatifs qui voient dans « toute lumière l'ombre de Dieu ». Cette vision poétique nous vient, justement, de ton siècle *(lux ombra dei est)*. Je la souffle à tout hasard vers toi. Non certes pour t'enseigner une foi que j'ignore, mais comme je le faisais, dans mon enfance, d'une bulle de savon confiée à la fortune du vent.

Antoine

Aurélien à Antoine

Ai-je seulement de quoi répondre à tes indignations ? J'en doute : il est une barrière au-delà de laquelle nous ne pouvons nous comprendre. Dans ce courrier, tu trouves plaisant de frotter nos expériences, d'examiner avec les lumières d'une époque les tréfonds d'une autre. Mais ces lumières rasantes n'éclairent que des aspérités. Elles restent inaptes à saisir nos profondes étrangetés.

Tu te réfères à l'Histoire, celle où ton temps prétend saisir le mien. Mais quelle Histoire ? On n'y trouve de vrai que quelques faits attestés. Je sais trop comment on les relie, on les récuse, on les exalte pour ne pas voir que le tissu de l'Histoire n'est qu'un voile de fils croisés. Un autre arrangement de fils tissera un autre voile. Et ainsi de suite. L'Histoire, crois-moi, n'est qu'un reflet hésitant qui se déplace à toute heure. J'en sais quelque chose et puis t'en faire la confidence : j'écris en cachette, et sous plusieurs noms inventés, l'histoire des Césars du dernier siècle et je mêle aux plus sommaires compilations mille inventions de mon cru pour corser la légende ou poser à mes contemporains quelques énigmes dont seuls mes proches amis connaissent les clefs. Je ris à penser ce que les lecteurs de ton siècle vont dire de ma délicieuse imposture, si du moins elle vous parvient. Y verront-ils, pour finir, une « Histoire Auguste »? Tout cela pour t'assurer que tu ignores notre époque presque autant que nous ignorons – et pour cause! – la tienne. Ton Antiquité n'est qu'un décor, un trompe-l'œil, un univers imaginaire où tu fuis ton temps pour y rêver à l'aise.

Car enfin, comment écrit-on l'Histoire? Quel est donc cet esprit qui tient la plume? Lorsqu'il prétend deviner des mondes si disparates, crois-tu qu'il survole, serein, jupitérien, les paysages du passé? Quelle sottise! Notre esprit est ligoté au corps, à notre corps, à notre temps, à notre histoire. Sans doute, l'esprit se déploie-t-il, dans chaque vie, à la proue de la galère, mais une galère qu'il ne peut quitter. Esclave de nos savoirs à tous égards incomparables. Esclave de nos préjugés, des idées dominantes, des sentiments présumés naturels, des traditions, des vogues, des manies, des goûts et interdits, des dits et non-dits d'une collectivité au sein de laquelle notre naissance nous a jetés. Et tu vois bien que, déjà, d'une décennie à l'autre, nous n'avons ni les mêmes rires ni les mêmes larmes. Ni les mêmes bonheurs ni les mêmes douleurs. Alors quand il s'agit de siècles... J'entends bien ce que tu ne cesses de me dire : que nous sommes fils d'une même civilisation. Oui, peut-être... Tu es plus que moi fondé à le penser. Mais à te lire j'ai peine à le croire...

J'appartiens, quant à moi, à un temps où la règle, les droits et les mœurs s'imposent par la seule force de l'évidence. Une évidence civique, romaine, qui me fait avant tout sujet de mon prince et maître de mes sujets. Qui suis-je? Une poussière de granit dans la mosaïque de l'Empire. Et que sais-je? Sinon que moi, Aurélien, homme de la classe des hommes libres, et patrice de ma province d'Aquitaine j'ai montré respect à César, tendresse à ma chaste épouse, clémence à mes esclaves, bienveillance à ma clientèle. Et par-dessus tout, fidélité à l'amitié, le plus honorable de tous les sentiments humains.

S'il te prenait l'envie de me demander, du haut de ton avenir, pourquoi chez nous ce statut codifié de l'esclavage, pourquoi l'Empire plutôt que la défunte République, je te répondrais que ces questions n'ont, à mes yeux, pas plus de sens qu'un concert de grenouilles dans mon étang d'Elusa. Je suis né et resterai jusqu'à ma mort – dussé-je la précipiter ! – patricien de l'Empire. Et si je me résigne à le voir changer, c'est au fond pour que rien ne change de ce qui est mon ordre, ma famille, mon devoir et mon droit. Servir est mon honneur. Et plus qu'à mon bonheur je tiens à mon service. Ou plutôt il n'est point, pour moi, de bonheur sans service. Peux-tu le comprendre ?

Comment, cher Antoine, prétends-tu discourir sur mon temps, sinon par une infatuation dans le ton de ton époque ? De votre surplomb sur notre passé, vous tirez l'aplomb de distribuer sanctions et récompenses selon des modes et des concepts qui vous habitent pour quelques décennies et que l'avenir bientôt jugera vains, sinon risibles.

La seule parenté que je discerne – quoique bien vaguement – entre nos deux tranches de vie, c'est qu'elles paraissent l'une et l'autre hésiter entre deux âges. Tu constates que l'assentiment chrétien qui fit, en plus de dix siècles, la fortune de ta nation et baigna ta jeunesse, aujourd'hui s'estompe. Et je pourrais dire de même que s'affaisse pour nous le temple céleste qui donna l'empire du monde à la Rome de mes ancêtres.

Mais entends bien ceci : ces dieux qui furent ceux d'Ulysse et d'Enée, oui, je les vénère encore ! Je ne passe jamais devant les autels élevés, chez nous, à la Concorde, à la Victoire, à l'Amour Filial sans une pensée reconnaissante à ces Génies bienfaisants. Et pourtant, ces dieux, je ne crois guère – je te l'ai déjà dit – à leur présence ineffable. Je ne crois pas plus aux miracles de Vespasien qu'à ceux de Moïse. Chez moi, les dieux de l'Olympe ne gouvernent plus que les récits d'Homère et les contes des petits enfants. Et pourtant, – pourtant ! – je leur garde sinon de la piété, du moins le respect dû aux gloires de mon passé.

Car ces dieux-là ont endormi Hannibal à Capoue, écarté les Barbares du Capitole, empli nos temples de dépouilles opimes conquises de l'Espagne à la Syrie, de l'Ecosse à la Numidie. Cicéron nous l'enseignait : « C'est par la religion que nous avons vaincu l'Univers. » Ainsi nos dieux défunts méritent-ils encore l'hommage persistant de la Patrie. Je ne verrais pas sans tristesse l'autel de la Victoire quitter au Capitole la salle julienne et le voisinage vénérable de la Louve de Romulus. De même, je fleuris toujours – et non sans sourire en secret de ma révérence – le modeste sacrarium de mes dieux lares. En échange des aimables superstitions de ma maisonnée, ils me font la grâce – je m'amuse à le croire – de leur bienveillance légère.

Or c'est bien cet autel de la Victoire, ce symbole de nos divinités tutélaires que les chrétiens prétendent aujourd'hui chasser, à Rome même, du plus sacré de nos temples. Leur ambition n'a plus de bornes. Depuis que Dioclétien les a vus sortir des catacombes et séduire jusqu'à sa propre fille Valeria, depuis surtout que Constantin a solennellement sanctifié leurs prêches et leurs anathèmes, leurs prétentions s'enflent chaque jour. Ils sont, je n'en disconviens pas, bons contribuables de l'Empire et soldats valeureux sous les ceps de nos centurions. Et leurs foules psalmodiantes ont aujourd'hui sans encombre quitté les cryptes de leurs conciliabules pour les abords du trône. Mais puisqu'ils ont désormais vaincu, puisqu'ils envahissent l'espace présent de Rome, pourquoi faut-il qu'ils insultent son passé ?

Je me demande d'ailleurs comment on vous raconte cette étrange invasion chrétienne.

Pour moi, et sans que nous l'admettions de bonne grâce, le Christ était moins d'un siècle après sa crucifixion, déjà inexpugnable. Je te l'ai déjà dit, nous autres Romains étions las de notre solitude d'hommes. Nos anciens dieux, frivoles, cruels et vindicatifs, ne nous inspiraient plus ni adoration ni ferveur. Nous maintenions des rites mais comme on consolide les colonnes d'un péristyle branlant. Car l'avenir du Dieu unique était dans l'air. Il se cherchait dans l'adoration du Soleil où les Romains de vieille roche acceptaient de voir un culte dévoyé d'Apollon. Il se devinait dans les rites d'Asie. Il s'affirmait dans les fleuves et ruisseaux descendus de l'impérial massif platonicien. Il se révélait dans les extases de Plotin vers l'unité suprême de l'« Un ». Il se glissait jusque dans les exercices de sagesse des stoïciens : nos philosophes ne se doutaient pas qu'en sapant l'antique crédulité ils élargissaient la brèche où allaient s'engouffrer ces énergumènes de spiritualité que sont les chrétiens. Le divin chez nous était partout, mais, au fond, nulle part. Les chrétiens, eux, l'ont fait homme. Ils l'ont rapproché, apprivoisé, localisé chez les missionnaires de Dieu : leurs saints, leurs apologistes inspirés et désormais dominateurs.

Rome, contre eux, aura tout essayé : l'indifférence, la douceur, le complaisant éclectisme des derniers Sévères, les plaidoyers, les contraintes. Bien loin de cette légende que déjà on accrédite, nos empereurs freinèrent plutôt qu'ils n'encouragèrent maintes répressions spontanées qui se faisaient ici ou là à l'initiative d'un préfet, d'un légat, mais le plus souvent des foules elles-mêmes. Nos Césars se contentaient de déplorer la fatuité juive et l'infantilisme chrétien qu'ils mirent souvent dans le même sac où gigotent thaumaturges et charlatans. Moins répressifs, en somme, que stupéfaits par ces têtes chavirées qui tiraient prestige de l'état de victime ! Et gloire de l'exécration commune...

On tenta d'abord de convaincre ; on répondit aux libelles des premiers apologistes chrétiens par la conciliation. Peine perdue ! Ce n'est que lorsque les chrétiens sortirent insolemment de l'ombre, que tombèrent sur eux les premiers interdits. Je m'amuse à penser qu'on se soucia d'abord de proscrire les signes extérieurs de cette « religion illicite » : par exemple, en interdisant le port du voile aux femmes chrétiennes, *« edixit ne Romae mulieres christianae caput velarent »,* ce qui fit naître ce qu'on appela à Rome la « querelle du voile ». Puis ce furent des répressions encore sporadiques comme celle de Dèce. Mais elles furent d'acharnement divers selon les provinces.

Enfin, il faut bien l'avouer, sous Dioclétien – on ne cesse d'ailleurs de nous rappeler cette vilenie par l'obsédant « devoir de mémoire » dont les chrétiens nous assomment –, trois édits terribles sonnèrent l'heure de vastes massacres où Galère, une bête féroce, mit toute sa cruauté. Ils emplirent nos arènes du sang de ces fous de Dieu. Rome obtint alors des milliers d'abjurations ou d'apostasies soit effrontées soit cafardes. Mais l'héroïsme des martyrs devant les griffes des bêtes, devant le glaive des soldats, le trident des rétiaires ou les braises des bûchers, tous ces suppliciés, étranglés, écartelés, décapités ou noyés, ne firent que précipiter les adhésions clandestines. Quand ce n'était pas dans le secret des complots, c'était dans le mystère des cœurs. Les chrétiens apprenaient à tout l'Empire que le for intérieur de l'homme était sacré. Et ils se grandissaient d'avoir affronté « le grand serpent de l'apocalypse ». Tu penses bien que les Romains comme moi ne comprennent rien à ces « révélations » qui les enflammaient. Mais c'est ainsi : l'Eglise du Galiléen, longtemps secrète puis épanouie, entrait, avec tous ces tumultes, dans le plein courant du siècle. D'abord par mille portes étroites, puis bientôt par de larges avenues. Et enfin par de grandioses portiques où Constantin allait, en triomphant arroi, les accueillir avant que bientôt son successeur ne les couronne...

Aujourd'hui, les chrétiens pépient sur le forum et s'engraissent librement de nos commerces. Ils emplissent de leurs chapelles nos provinces et colonies d'Occident. Mais la sage tolérance des Césars ne leur suffit plus. Ils veulent plus, ils blasphèment Jupiter, moquent nos muses, voilent nos naïades, et désarment nos furies. Rome n'est plus dans Rome. Elle cède peu à peu aux pestilences d'Asie, elle s'abandonne aux philtres orientaux du Juif ressuscité... Alors, comprends-moi bien : nous vivons, toi comme moi, le déclin d'un certain ordre humain. A la fin de ton millénaire, tu sais ce que tu quittes – c'est l'univers chrétien de tes ancêtres –, tu ne sais pas encore ce que tu trouves. Tandis que je sais, moi, quatre cents ans après la naissance du Christ, que le règne du Dieu unique va se répandre inexorablement. Et ce que tu m'apprends ajoute à mon désarroi.

Pour l'heure, retiens seulement ma conviction : je n'entends rien au monde qui est le tien et tu n'entends pas grand-chose au mien. Je sais seulement, par toi, la fabuleuse et longue victoire de la chrétienté au fil des siècles. Elle s'estompe, me dis-tu. Au contraire, je pressens déjà chez moi, autour de moi, contre moi, son prodigieux essor. Elle s'immisce, s'installe, se déploie. Déjà, ici ou là, les dévots de mes anciens dieux ne marmonnent plus que des hymnes creuses, des prières vides. Et je ne sais au juste si je m'en réjouis ou si je m'y résigne. Nous sommes déjà rares à ne croire ni aux dieux anciens ni au Dieu unique du Christ. Et dans le prudent secret de nos cœurs, nous n'avons pas encore fait allégeance, sinon du bout des lèvres, à l'ordre nouveau.

Deux puissants courants, le chrétien et le stoïcien, baignent toujours notre époque. Ils coulèrent longtemps, distincts, dans le lit commun de notre Empire, comme les deux Nils, le Bleu et le Blanc, avant de se confondre dans le fleuve majestueux des Pharaons. Mais aujourd'hui ils se mêlent encore confusément.

L'on voit des maîtres de l'Eglise chrétienne parler comme les sages du Portique et les derniers stoïciens baigner leur doctrine de quelques prêches de l'Eglise chrétienne. A croire qu'ils étaient déjà chrétiens avant de le devenir. Tout se croise et se compénètre. Mais, au bout du compte, c'est l'Eglise du Christ qui l'emporte et s'impatronise.

Le Trône lui-même, en mon siècle, n'a cessé de tanguer d'un culte à l'autre. Mais depuis Constantin – et malgré la brève restauration, sous Julien, de nos dieux ancestraux – tout l'Empire glisse dans les ciboires chrétiens. Sur ces bords plus rien désormais ne le retient. Les alléluias résonnent dans les temples d'Apollon. Nous n'attendrons pas longtemps, je le crains, le mariage solennel de l'Empire et de la nouvelle religion. Je m'en console en pensant que l'air expirant de la vieille Rome suffira encore pour les derniers souffles de ma longue vie.

Mon regret est que cette conversion massive des puissants à ce culte trop humain ne m'oblige, sur l'âge, à diverses momeries. La nouvelle croyance a gagné la Cour où les frais convertis ont la foi belliqueuse. Et je n'ai pas le talent d'Ausone pour dissimuler.

Tibi,
Aurélien

Antoine à Aurélien

Ah, cher Aurélien, je vois bien qu'en arrachant ton passé, on t'arrache le cœur. Eh bien, va, épanche-toi : aucun ami ne sera plus que moi disposé à t'entendre. Car dans ma génération résonne partout l'écho d'une semblable dépossession. Tu te plains d'être abandonné par un monde qui déménage, délaissé par les dieux de tes ancêtres, désespéré par un ordre qui s'effrite. Je vis, sache-le, le même écartèlement. Et peut-être, qui sait, plus angoissant...

Parce que si l'Empire, chez toi, se divise, si sa direction s'épuise, si l'on ne prie plus devant les mêmes autels, je comprends tout de même que dans vos cités et campagnes, épanouis à ton siècle sous une prospérité retrouvée – avec ses riches et ses pauvres, ses familles et ses clientèles, ses esclaves et ses affranchis –, votre société conserve encore autour de ses forums, de ses commerces, de ses jeux et de ses thermes maints solides piliers de l'ancien édifice. Les liens qui rapprochent mari et femme, parents et enfants, maîtres et serviteurs n'ont point été dissous. Tu concèdes toi-même que les chrétiens qui t'exaspèrent en remplissant leurs églises d'esclaves et d'affranchis n'aspirent nullement à réformer en leur faveur ni la coutume ni le droit.

Je ne pourrais en dire autant de mon chambardement. Chez nous, le ciel n'a pas seulement changé de locataire : il s'est vidé. Depuis la voûte céleste, nulle parole, sinon, transmise par nos ondes domestiquées, celle de quelque astronaute tournant autour de la Terre. Nous savons pour l'avoir visitée que la Lune n'est qu'une pierraille stérile que n'a jamais foulée la sandale des dieux. L'Eglise du Christ, si longtemps triomphante, ne dispense plus son enseignement séculaire ni le magistère moral que surveillaient, jusque dans le secret des consciences, les sentinelles du péché.

Comme elle le faisait chez toi au temps de tes flamines et de tes aruspices, la religion, pendant les seize siècles qui nous séparent, n'a cessé d'irriguer toute la société : le Christ bénissait les naissances, fortifiait les mariages, inspirait les arts, traçait la route des vivants et emportait les morts vers les enclos sacrés de l'au-delà. Aussi bien l'épuisement de la tradition chrétienne disloque-t-il la société tout entière. Les enfants naissent hors mariage, les mariages se défont dans une proportion inconnue depuis deux millénaires, les règles qu'infusait la religion dans nos mœurs et nos lois s'anémient l'une après l'autre. Ainsi tout un ordre vertical se désarticule sous nos yeux dans l'effondrement des grandes échelles hiérarchiques. Les parents ont perdu le gros de leur autorité sur les enfants, les maîtres sur les élèves, les pouvoirs sur les citoyens. Dieu ne surplombe plus les hommes et sur le monde aplati n'émergent guère que les deux éminences de la technique et de l'argent. Une machine et un veau d'or !

Les hommes, dirait-on, ne sont plus que ce qu'ils savent ou ce qu'ils valent dans la foire de l'univers marchand. Il n'y plus d'œil souverain pour juger de leur vérité intérieure et de ce qu'ils sont *intus et in cute.* Plus de doigt souverain pour prescrire ce que l'on doit. Et surtout, les foules d'infortunés, les victimes du Mal, tous ceux que la société urbaine et mécaniste jette au fossé, tous les perdants de la loterie sociale, perdent aussi, avec la disparition de l'onction chrétienne, l'infinie consolation de l'au-delà. Ils perdent la promesse divine qu'au Jugement Dernier les derniers seront les premiers. C'était, avoue-le, une bien grande trouvaille que de flatter l'espérance des pauvres d'une revanche posthume...

Dans mon siècle, il t'amusera de savoir qu'une considérable utopie aura conquis toute une partie du monde pour bricoler en faveur des déshérités une égalité de condition contraire à l'inégalité foncière des hommes. Et que prétendait-elle sinon réparer dans l'ordre matériel l'éclipse de l'espérance spirituelle ? Ce qu'elle devint ? La plus massacreuse des religions... Oui, religion de substitution, religion horizontale privée du principe d'en haut et cruellement inapte à substituer au paradis de saint Pierre les paradis terrestres des lendemains qui chantent.

Le fracas de cette utopie et l'anémie des espérances collectives laissent nos foules dans une étrange hébétude. Les plus infortunés qui chantaient, voici un demi-siècle, à leur établi, à leur retour des ateliers, à leurs moissons ne cessent de récriminer, d'exhaler leurs anxiétés, d'aiguiser leurs envies quand ils ne roulent pas au fossé de diverses déchéances. Les machines ont envahi les champs, supprimé la charrue et la faux, allégé mille peines physiques, mais, vois-tu, alors que les plus déshérités d'entre nous sont à l'évidence moins démunis que leurs ancêtres, bien peu d'hommes de nos riches contrées paraissent comblés par ce que nous appelons le progrès et qui devient lui-même une divinité vacillante.

J'observe autour de moi plus d'égarés à la recherche de croyances nouvelles – religions d'Asie ou charlatanismes variés – que de nouveaux stoïciens épris d'une sagesse sans dieux. « La solitude de l'homme, m'écris-tu, exalte les sages mais désespère l'homme quelconque. » Eh bien, cher Aurélien, nous en sommes toujours là... Donne-moi la main ! Peut-être sommes-nous, toi et moi, des orphelins d'un monde ancien. Ce monde-là, nous nous en sommes dépris, nous acceptons sa défaite, nous ne l'avons pas défendu, et même nous l'avons fui, mais un je-ne-sais-quoi, un chat dans la gorge peut-être, nous empêche de chanter victoire pour fêter le prochain.

Antoine

Aurélien à Antoine

Cher Antoine, tu me vois donc « pleurnichant sur mon époque » ! Quel ennui de donner une telle impression ! Car j'ai justement ces temps-ci les oreilles rompues avec l'antienne de la décadence et me garde bien d'en rajouter. Disons que je suis partagé. Je déplore, c'est vrai, le naufrage progressif sinon de l'Empire, du moins du culte impérial dans le lac d'eau bénite des chrétiens. Mais d'un autre côté, je vois bien ce qui survit et survivra de ma Rome et peut-être bien – *horresco referens* – grâce à l'entregent chrétien... Cela dit, tu as raison : l'idée de décadence infeste, malgré nous, les derniers « païens » de mon genre. Crois-moi, je ne suis pas le seul.

Ecoute, par exemple, ce que racontait cette semaine Libanios à Antioche et dont je reçois à l'instant le texte. Il le raconte en grec puisque s'exprimer en latin serait pour lui déchoir (tu vois, mon ami, qu'on est toujours le décadent de quelqu'un...) :

« Ce qu'on me reproche, dit-il, c'est de parler de décadence, de toujours louer le passé, de dénigrer le présent. Mais enfin je ne fais que dire et répéter simplement qu'autrefois on allait d'une fête à l'autre, que le plus large public fréquentait nos temples et communiait à nos sacrifices. Je dis qu'il y avait des festins, des rires et des chansons, des défilés, des fleurs et des guirlandes, et que dans tous les sanctuaires on pouvait trouver quelques vivres et deniers à la disposition des pauvres. Je dis que les paysans jouissaient de coffres bien remplis, de dignes vêtements pour leurs jours de repos et de dots confortables pour leurs mariages. Alors qu'aujourd'hui on voit abandonnées de vastes étendues de terre, asséchées surtout par l'impôt. On voit leurs habitants exténués de misère chercher consolation à l'assommoir des tavernes... Quant aux responsables municipaux, ils désertent leurs charges publiques, accablés qu'ils sont par un amas de contraintes...

« Alors dites-moi, faudrait-il que j'admire l'extravagante fortune des gladiateurs, des athlètes, et celle, inouïe, des cavaliers de nos courses de char, et celle, non moins mirobolante, qui échoit à quelque grand comique ? Faudrait-il que j'admire la tolérance des pères qui assistent sans broncher à la débauche des fils ?

« Voilà, c'est tout cela qui me blesse l'âme ! Mais, me dites-vous, je ressasse là le même discours éculé et c'est ce qui le rend insupportable. Mais enfin, ce que je dis est-il faux ? Et si c'est juste, le devoir n'impose-t-il pas de le répéter ? Lorsque ma mère souffre, je pleure à son chevet. Et lorsque ma patrie – qui dans mon cœur précède ma mère – se porte mal, on voudrait que je me réjouisse... »

Telle est, cher Antoine, la lamentation de Libanios, en effet assez courante. Il se plaint, aussi – je t'en fais grâce – des immigrés, comme tous les Romains depuis trois siècles, depuis Juvénal, en oubliant que les

Romains les plus éloquents pour se plaindre de l'immigration sont eux-mêmes de récents immigrés...

J'imagine, cher Antoine, que vous n'échappez pas à ce tourment populaire. Ou bien dois-je comprendre que le grand air de la décadence reste une spécialité romaine ? A te lire, je devine qu'elle ne vous épargne pas. Mais peut-être le sentiment de décadence est-il, après tout, naturel à toute collectivité humaine, de même qu'il s'enracine chez chaque individu avec l'âge et la perte de quelques illusions. Il suffit en somme que défaille le désir qui entretient l'espérance ici-bas ou la religion qui l'entretient en haut.

C'est, en tout cas, ce que j'écris à l'excellent Libanios pour – mais est-ce encore possible ? – le réconforter.

Aurélien

Aurélien à Antoine

J'aperçois, à demi dissimulée derrière une colonne du péristyle, Phyllis qui épie nos conversations d'après-boire sur l'éternel sujet du bonheur où chacun des convives prétend rivaliser avec Epictète. J'interpelle la curieuse et la fais venir en lui tirant l'oreille. « Petite effrontée, lui dis-je, pour te mêler en cachette à nos propos, as-tu seulement ta recette à proposer... ? » « Oui », me répond-elle, tout à trac, bien haut, et sans se démonter. « Pour être heureux, dit-elle, il faut n'envier personne et beaucoup admirer... » Par Hercule, la petite belette est maligne... Là-dessus, avec une œillade pour le vieil Ausone, elle tourne les talons et s'en va vers son hydraule – son orgue à clavier – dont elle tire des sons à rendre Apollon jaloux.

Aurélien

Antoine à Aurélien

Pour te confirmer dans l'étrangeté de notre époque, voici l'histoire de sexe et de pouvoir qui ces temps-ci a parcouru la planète. Figure-toi que le Président américain, César de la plus puissante de nos nations, aura dû, en un interminable procès public, s'expliquer à la face du monde sur quelques fellations qui lui furent prodiguées par une jeune employée de sa cour. Tu mesures à cette anecdote la tyrannie judiciaire de notre pouvoir démocratique. Elle place le Prince élu sous une surveillance permanente qui ne respecte aucun enclos privé. Devant son Dieu chrétien le Président tout-puissant s'est donc abîmé dans diverses contorsions d'expiation publique. Qu'est-ce que tu en dis ?

Antoine

Aurélien à Antoine

Chers enfants de Vénus, si la démocratie dont vous me rebattez les oreilles tourne à ces extravagances, comment pourrais-je commenter les désordres amoureux des grands de votre siècle ? Ils me sont inintelligibles. Sache seulement que la décence stoïcienne et chrétienne se trouve recommandée depuis près de deux siècles aux puissants. Les jeux pédophiles que Suétone prête au vieux Tibère, les lubricités de Messaline, les fantaisies priapiques d'Eliagabal ne sont plus de mise : c'est du passé !

Pour le reste, il n'y a rien qui fâche le vieux Romain que je suis dans la fellation que tu dis, pourvu, bien sûr, qu'elle soit prodiguée par une servante. Chaque patricien, s'il le désire, en use innocemment. Ce qui décourage, chez beaucoup, l'estime générale, ce n'est point d'être sucé mais de sucer. *« Molere sed non lambere »* : limer mais non laper, disaient nos maîtres. De même avec les garçons, le bon usage est de foutre et n'être point foutu. Il en va de la nécessaire virilité du bon citoyen qui peut exiger un complaisant office mais non s'abaisser à le rendre. Dans ses épigrammes, Ausone, fort tolérant pour les plaisirs d'Eros, n'a pas manqué d'épingler Ennius *liguritorus*, Ennius le lécheur... Si ton président américain montre ce penchant, je ne peux rien pour lui. Mais, pour le reste, dis-lui que je le comprends... Tous les jeux de sexe me plaisent pourvu qu'ils ne laissent pas plus de traces dans les mœurs courantes que le passage d'une barque sur l'eau d'un fleuve.

Vale et me ama,
Aurélien

Antoine à Aurélien

Nous ne sommes pas seuls, cher Aurélien, à naviguer sur un courrier immatériel ! Figure-toi que nos savants envoient sur ondes, et dans l'espace sidéral, quelques messages à d'éventuels inconnus. A quelques créatures, si d'aventure il s'en trouve, vivant sur une autre planète (et aptes à interpréter nos signes).

Mais ces correspondants virtuels sont, de surcroît, fort lointains, et bien que notre message circule plus vite que la lumière, nous n'attendons pas de réponse avant... vingt-cinq millénaires. Tu vois que seize siècles entre nous, ce n'est rien !

Antoine

Aurélien à Antoine

Te rends-tu compte, cher Antoine, de cette étrangeté ? Tu me peins tes contemporains comme autant de guerriers de l'espace, de découvreurs intrépides des secrets de la matière et de la vie, d'ardents marathoniens de l'avenir. Or, je compulse ici une liasse de tes lettres en forme de journaux intimes, et je ne découvre chez tes concitoyens de la nation franque que des guerriers blessés, des athlètes au cœur de lièvre éperdus de sécurité. Une chorale d'esclaves ! Est-ce donc là votre homme nouveau, fier de ses libertés ? Où donc sont ces cœurs de bronze trempés par la science et la sagesse démocratique ? Je ne devine à te lire qu'une foule grouillante de bouches voraces, aux désirs insatiables, mécontents de leur sort, envieux du voisin et geignards. Le bonheur est-il chez vous une idée morte ?

Serait-ce alors que la liberté soit pour le populaire si lourde à porter ? Et qu'enfin affranchis des tyrannies du Ciel et de la Terre, tes citoyens n'osent revêtir avec la toge virile les vertus de courage et de dignité. Tu me les montres – en es-tu conscient ? – comme des vieillards impotents et mis sous tutelle. Ou mieux encore, comme des enfants incapables de quitter le sein des nourrices et la chaleur du foyer. Tantôt baisant la main du César qui les protège, tantôt la mordant pour qu'elle dispense plus. Des enfants, te dis-je, inaptes au « métier » d'homme. N'ont-ils été, au fil des siècles, délivrés de leurs chaînes que pour s'emmailloter ?

Aurélien

Antoine à Aurélien

Salut à toi !

Une étrange impression, cher Aurélien, m'est venue à l'heure exquise de la sieste et qui mérite ton attention. Au plus chaud de l'été, chez moi en Gascogne, je ne manque pour rien au monde, sous l'ombre du saule, cet instant vague où dans le sommeil qui m'envahit murmurent encore le chant d'une mésange, le vol d'une abeille, le bruissement continu du feuillage. Je me suis tout à l'heure régalé de moules au safran et d'une polenta. Et, voici que dans mon demi-sommeil, je souris à l'idée que cette polenta aurait pu venir de ta propre table... Et puis, de fil en aiguille, je réalise que la polenta mais aussi le safran, et puis hier soir encore le poulet au miel et aux aromates, tous ces plats et épices respiraient ta cuisine. Que mes vêtements d'été, amples et flottants, tu pourrais les porter, de même que mes sandales tressées comme la calige de Tibère...

Ces rencontres insistantes, tantôt recherchées, tantôt fortuites avec Rome, ses mets, ses jeux, ses vêtements et ses grands hommes, on dirait qu'elles me poursuivent. J'admets en dépendre comme d'un enfantillage. Ainsi de cette bague, à mon doigt, rescapée de ton siècle.

Mais, à la longue, une telle insistance me trouble. Et tous ces signes de piste, sur les chemins de ma vie, et qui, tous, mènent à Rome me donnent le vertige. Car mon inclination réfléchie n'explique pas tout. Je dois compter aussi avec l'involontaire, avec les hasards, incidents, quiproquos et rêves qui fondent sur moi, et me transportent à l'improviste dans ton siècle, telle nuit parmi les centurions d'une marche forcée des légions de Constance, telle autre nuit dans l'atrium d'un atelier de céramique ou un tripot de Suburre. A croire, à de certaines minutes, que je quitte mon corps, et qu'un Romain s'y coule à ma place...

Alors, tu peux imaginer dans quel état m'a jeté la découverte de ta première lettre, et la magie de notre courrier. Son mystère a mis un comble à ce sentiment étrange d'être hanté, sinon envoûté, par un visiteur tombé du siècle de Constantin. Envoûté par un ancêtre désireux de renaître en moi. Bizarre, non?

Enfin, n'y pensons plus... Voici pour me ramener à ma sieste le vol flasque d'un corbeau. Il m'assoupit. Et comme Sapho, « venu du feuillage qui tremble au-dessus de ma tête, je sens glisser vers moi un sommeil enchanté »...

Antoine

Aurélien à Antoine

Je relève, dans une de tes lettres, le nom de Ponce Pilate associé à la mort du Christ. Je me demande si, jusque dans ton siècle, nous sommes toujours nous, Romains, accusés d'avoir perpétré le meurtre de Jésus le Galiléen ? Car ces temps-ci, le fanatisme des chrétiens, au fur et à mesure que leur culte envahit l'Empire, répand ouvertement cette calomnie. Il en menace toute notre descendance. C'est insupportable. La question même devient inabordable. Hier soir, Paulin de Nole, de plus en plus dévot, s'est irrité de ma démonstration au point d'en perdre ses nerfs devant un Ausone plus sinueux que jamais.

Et pourtant je ne faisais que rapporter, une fois encore, le laconique rapport de notre brave Ponce Pilate, texte égaré durant deux siècles dans la noble famille des Vitellius, puis transcrit et recopié à peu d'exemplaires. J'en possède un. Il circule encore chez des patriciens de mon genre, mais quasiment sous le manteau tant le vent a tourné sur la Cour et la Ville. Un Vitellius, peut-être le sais-tu, était, il y a trois siècles sous Tibère, propréteur de Syrie dont dépendaient la Judée et son procurateur Ponce Pilate. Par ce rapport donc, qu'il adresse à son supérieur, Vitellius, Pilate relate ce qui va devenir « l'affaire Jésus ».

Ecoute bien ceci : cette affaire, si elle lui paraît digne d'être évoquée, ce n'est que pour les brefs remous qu'elle fit à Jérusalem. Le texte n'est guère consacré qu'à la nervosité du peuple juif, de ses dirigeants et de son guide, l'intrigant Caïphe. Le sort de Jésus n'y apparaît que comme médiocre et circonstanciel. Il n'est là que pour illustrer l'ébullition des autorités juives. On devine, sous la platitude du récit, que le brave Pilate s'est déjà fait, à ce sujet, tirer les oreilles par Vitellius. Et même – qui sait ? – depuis Capri, par le César Tibère lui-même. Pourquoi ? Pour s'être montré trop répressif, trop guindé sur l'autorité romaine et ses symboles. Car le César Tibère, lui, avait suffisamment de soucis, de l'Espagne jusqu'aux Daces. Et son précepte favori était « Pas d'ennui avec les indigènes ! » Dans son rapport, Pilate veut donc faire entendre qu'il a bien compris la leçon. Il montre, pour en glaner le mérite, de quels trésors de patience il faut user avec les Juifs. Non sans malignité, il cite les propres mots de Tibère, devant le Sénat romain, évoquant ce « peuple juif, sûr de lui et dominateur ». Il fait entendre le crépitement de prophéties et d'intolérances, cet essaim de dogmes, hérésies, disputes, objurgations et dénonciations qui maintiennent les cervelles juives en transes perpétuelles.

Quant à Jésus, il le mentionne en simple illuminé, le dernier d'une séquelle de thaumaturges qui hantent ces sables brûlants et leurs collines inspirées. En une demi-phrase, il note d'ailleurs que dans les prédications du Galiléen rien ne blessait ni le droit ni le gouvernement romains. Bien au contraire ! Mais voilà, le cœur de l'affaire, c'est qu'à cette occasion Pilate a mesuré la frénésie du Haut Conseil des Juifs, le Sanhédrin, acharné plus que jamais à demander la crucifixion de l'hérétique. Pourquoi ? Parce que l'illuminé, notamment dans les campagnes, se laissait appeler « Roi ». Roi – remarque sagement Pilate –, il l'était de son prétendu royaume céleste puisqu'il se voyait en fils de Dieu... Mais l'autorité juive, soit qu'elle feignît de voir dans cette bizarre « royauté » quelque ambition à régner sur elle, soit qu'elle ait décidé que ce frénétique n'était pas le vrai messie de ses prophéties, voulait à toute force en finir. Pilate aussi, qui note que la foule, ameutée par le Sanhédrin, devenait houleuse et qu'il ne disposait que de deux cents légionnaires sûrs... Alors, et comme Tibère le souhaitait – « Pas d'ennui avec les indigènes ! » – il leur abandonne le Christ... Voilà, c'est tout ! Il ne se vante nullement de s'être lavé les mains d'une condamnation qui ne relevait pas de l'autorité romaine. Et tout son billet à Vitellius, billet banal, prudent et obséquieux, se borne à conter un incident courant d'administration coloniale.

Figure-toi, cher Antoine, qu'Ausone, pour nous piquer un peu, nous a demandé ce qu'il fût advenu si Pilate avait, contre toute raison, et contre toute politique, sauvé le Christ. Nous sommes, lui et moi, tombés d'accord sur la réponse : il ne serait rien advenu de différent. Un autre illuminé d'Orient, un guide d'une autre secte, aurait pris sa place, un essénien faiseur de miracles ou un Chaldéen tourneboulé d'avoir trop fixé le soleil... En vérité l'heure du Dieu unique était venue, et pour le trouver, déjà les Rois mages marchaient à l'étoile. Entre nos dieux qui n'étaient plus et le Dieu chrétien qui n'était pas encore, l'homme romain, au bout de deux ou trois siècles, finissait par se sentir seul. Cette solitude exaltait les sages mais désespérait l'homme quelconque. Lequel se mit à pleurer, puis à croire... C'est ainsi...

Aurélien

Antoine à Aurélien

Tes reproches de vieux Romain chagrin me font rire. Tu gémis maintenant sur le style de tes contemporains : on n'écrit plus, dis-tu, sous ton empereur, Théodose, comme on écrivait sous Auguste. La belle découverte ! Si, comme nous le pensons, le style c'est l'homme même, il vaut ce que valent les hommes d'une époque. Et tu sais bien qu'en fait d'hommes toutes les époques ne se valent pas. Tu es le premier à ressasser que ceux de ton siècle délaissent l'antique quadrige de la gloire romaine, tiré par *libertas, virtus, dignitas et fides*. Tu déplores que tes contemporains ne soient plus de même pâte que leurs aïeux, et tu voudrais que leur poinçon (leur stilus, leur style justement) soit de même trempe ? Allons donc...

Les grands siècles (celui de Périclès en Grèce, d'Auguste pour ta Rome) ne sont grands que parce qu'ils parent d'un éclat unique et singulier un règne, un peuple, une pléiade d'artistes qui concourent à la gloire commune. La postérité célèbre chez eux la mystérieuse rencontre d'une inspiration multiple de la création : elle a trouvé dans l'architecture comme dans la statuaire, dans l'écriture comme dans la musique, le théâtre et la poésie une forme, des règles, une élévation adaptée à sa propre altitude. Tous les arts semblent alors emportés par le même Dieu dans un chœur où toute une époque se rassemble : il entraîne Phidias avec Platon et le Droit avec Virgile, le Capitole avec Horace et l'aigle de vos légions avec le génie de Cicéron. Les prestiges de ces siècles-là s'accordent – et depuis l'épopée jusqu'à la bluette – à des idées et des sentiments qui furent ceux d'une époque. Leur gloire ne lui survit pas.

Nous eûmes, nous aussi, nos grands siècles. Notre nation française y fut la plus peuplée d'Europe. Elle imposait ses armes et ses lois. Et la maturité de la langue était celle de la nation. Elle était bien au-delà de nos frontières, celle des princes, des arts et des traités. Tel était le respect dont on l'entourait qu'un de nos écrivains mettait, disait-il plaisamment, des manchettes à son habit avant d'écrire. La poésie occupait les théâtres. Et le discours de nos tragédiens, moralistes, prêcheurs, historiens ressemblait alors aux monuments et jardins de nos rois par leur apparat médité et leurs vastes clartés. On les enseigna dans nos classes jusqu'à ce qu'ils devinssent inintelligibles aux maîtres eux-mêmes. Sans cesse on y parlait d'honneur et de je ne sais quels sentiments évanouis...

Antoine

Aurélien à Antoine

Te voilà bien faraud pour m'annoncer une fin du monde – le nôtre – dans cinq milliards d'années, quand l'explosion du Soleil, garantie par vos calculs, carbonisera la Terre. Je m'amuse de ton air entendu à découvrir dans cette certitude la vanité de maintes espérances humaines. Il est bien temps !

Chers descendants, dans quelle rêverie viviez-vous donc, pour que votre science vous déniaise à ce point ? Vous saviez les royaumes, les empires, les républiques mortels. Et les civilisations de même. Tu y ajoutes l'espèce humaine et la Terre... Parfait ! Tu complètes en somme l'éventail infini des apocalypses. Mais cet ajout-là ne change pas grand-chose à la condition humaine. Sans doute contrarie-t-il quelques fables de la légende chrétienne. Mais il s'en trouvera d'autres pour servir le désir le plus vivant qui soit, celui de survivre, de renaître, de ressusciter, le désir au fond d'éternité. Depuis l'âge des cavernes, tous les prêtres de toutes religions en ont versé l'espérance. Ils ne sont pas à court de viatiques. Ils en trouveront de nouveaux.

Cela dit, point n'est besoin de convoquer l'explosion solaire, de redouter la chute d'un astre égaré qui effaça, me dis-tu, de la terre, il y a soixante-cinq millions d'années, les lézards géants émergés de l'onde primitive, de ressasser cette possibilité que vous avez, me dis-tu, de faire exploser la planète, d'invoquer quelque catastrophe cosmique, ou les désastres plus triviaux de la guerre et des maladies, point n'est besoin d'organiser l'interminable défilé de l'extinction universelle pour que la certitude de la mort impose à tout homme lucide sa médiocre condition. Rien, tu me le confirmes, n'échappe au sort commun de tout ce qui vit : naître, croître et mourir. Des hommes nous disons de même : *« nasci debent, crescere, exstingui... »* Et nous savons aussi qu'ils « ne se sentent pas naître, souffrent de mourir et oublient de vivre »...

Tes nouvelles « certitudes » ne m'inspirent en vérité qu'un souhait : si les hommes, dis-tu, ne devinrent hommes, ne sont vraiment hommes que parce qu'ils se savent mortels, si vous débutez leur histoire à leurs premières sépultures, devra-t-on dire un jour que le monde, le tien, devint meilleur quand il se sut inéluctablement périssable, fatalement mortel ?

Je n'y crois guère. Mais c'est toute la grâce que je souhaite à ta prolifique humanité. A propos, je t'épargne de me rendre la pareille et de me couvrir d'aimables vœux : que peut valoir un vœu dont tu connais le sort ?

Vale et me ama,
Aurélien

Antoine à Aurélien

Quel feu, Cher Aurélien, sous ta plume pour incendier toute espérance ! Allons, mon ami, je sais tout autant que toi que l'homme est mortel ! Et si d'autres l'oublient, quelle importance ? Je crains, vois-tu, dans tes emportements qu'acharné à dire la finitude de tout homme, à ricaner de ses illusions, tu n'en viennes à oublier la présence ineffable de ce qu'il faut bien appeler l'esprit. « L'homme, dit un de nos mentors, a ce privilège sur l'Univers qui le tue, c'est qu'il sait qu'il meurt, et ce privilège que l'Univers a sur lui, l'Univers n'en sait rien. »

J'apprends, en effet, de nos savants que l'Univers est tout aussi mortel que l'homme et perd donc sur lui son privilège. Mais l'Univers n'est pas le tout de l'Etre. Et peut-être pas le tout de Dieu. Tu me répètes, comme pour t'en persuader, que Dieu ne répond jamais. C'est vrai. Mais alors que répliquer à celui qui dit que la réponse est dans l'appel ? Rire, sourire, compatir ?

Antoine

Aurélien à Antoine

Je t'écris cette nuit à la lumière d'une vilaine lampe. L'âcreté de son huile me monte à la gorge mais tant pis : je voulais me confier à toi... Tu me vois à cette heure, loin de mon Aquitaine, réfugié dans une villa qui fut belle, au bord du grand lac des Helvètes. Ce n'est pas le but de mon voyage. Mais sur le chemin de Trèves où je dois visiter le César et sa cour, je fais halte chez un ami de jeunesse, romain de souche et qui gouverne la petite garnison de Novodunium.

La villa offre aujourd'hui dans son délabrement la cicatrice des invasions incessantes des Barbares de l'Est. Elle est toute rencognée, occultée par l'anxiété de la défense militaire : on ne voit que sacs de sable, palissades, remparts de pierre et tranchées d'épieux. Elle a perdu ses chambres charmantes, montées sur pilotis, et qui surplombaient les eaux du lac. On y pouvait, comme le chante Martial, tendre sa canne à pêche depuis son lit... Disparue aussi la galère aux rames frangées d'ivoire, où mon cher Caïus nous entraînait les nuits d'été dans les rires des mignons et des filles, aux sons des harpes et des tambourins.

La pleine lune tremble dans l'eau du lac. De ma terrasse je devine son reflet sur le casque de la sentinelle de garde et, en contrebas, je vois luire les braises d'un petit feu que des pêcheurs ont allumé sur la grève avant d'embarquer.

Alors qu'ai-je donc de si pressant à te dire qui me tient éveillé ? Tu vas rire ! Ce n'est qu'un sentiment, mais vague et fort qui m'étreint depuis plusieurs jours et que je libère ici : celui d'un monde qui me fuit. Je devrais m'en affliger mais j'en retire plutôt une sorte d'envoûtante mélancolie. Délectation morose qui sied à mon âge ? Peut-être ! Mais nos fins d'époque ont ces sortes d'inclinations pour les crépuscules.

J'ai pourtant quitté Elusa dans une tout autre humeur, gai, plein de projets, accompagné de Marcus mon secrétaire et du subtil Silicus, tous trois engouffrés dans mon *capsus,* mon vaste char couvert à deux chevaux, aménagé en confortable litière avec d'épaisses tentures ornées des faisceaux de l'Empire. Sur la voie Domitienne où nous avons roulé jusqu'à Narbonne, puis sur la Garonne et les rivières où nous naviguions aux cris rythmés des haleurs en jetant à l'eau quelques deniers d'offrande à ses divinités, enfin sur la belle voie qui depuis trois siècles épouse le cours du Rhône, partout, à chaque *civitas*, à chaque *vicus*, à chaque bourgade rencontrée, et de la Narbonnaise jusqu'à la Lyonnaise, je me sentais chez moi. Les chaussées de gravier bien damées, bien drainées du réseau d'Agrippa, les aqueducs à trois galeries, les forums grouillants de commerces, les temples et les statues de Césars élevaient en tout lieu la gloire de l'Empire, et il me semblait que les dieux lares de ma province élusate ne m'avaient point quitté.

Quel luxe patricien, cher Antoine, dans les villas du quartier des Canabae de Lyon ! Que de bruits et de couleurs, quelle animation dans les places des cités, que de fêtes dans les amphithéâtres ! A chaque relais où nous nous régalions de charcuterie gauloise, à chaque *mansio* où nous faisions halte pour que le charron examine les cuirs ferrés de nos chevaux, chacun parlait, ma foi, une assez bonne langue latine. Et même dans les gargotes que j'évite mais où Silicus aime boire et fricoter, il se fait aisément comprendre lorsqu'il s'enquiert de l'état de la route et demande si quelque voiture de courrier public peut se charger des tablettes que j'adresse à Ausone ou Paulin. Oui, partout je me sens chez moi, je veux dire à Rome, depuis ces quatre siècles que Rome est partout chez elle dans toutes ses provinces, depuis que tous les hommes libres sont en deux siècles, et depuis l'édit de Caracalla, devenus citoyens romains, depuis que nos ancêtres s'abreuvent en naissant au même lait de la louve romaine.

Pas une seule heure de ma longue vie l'Elusate que je suis ne s'est senti moins romain que les Romains de Rome. Par Hercule, jamais ! Romain je le suis comme nos amis d'Ibérie, d'Africa, voire de Numidie où Carthage, jadis rasée par nous mais reconstruite par nous, s'épanouit comme au temps d'Hannibal. Tous Romains, de Bordeaux à Lyon, de Tarragone à Trèves, de Sirmium à Carthage. Plus d'une fois, depuis Septime Sévère, le Libyen, le sang d'Afrique, celui de Jugurtha, aura lui-même gonflé le cœur de nos Césars. Romains aussi, ces Syriens qui ont, hélas, naufragé l'Empire au siècle dernier avant que Dioclétien le rétablisse dans son ancienne dignité...

Il est loin en tout cas le temps où la Gaule figurait

en captive, le torque au cou, dans les trophées de marbres élevés à César ! Sais-tu qu'une de nos plus réputées écoles de grammairiens est en Gaule ? A Autun. Je croise chaque jour des patriciens gaulois qui affectent à la moindre occasion de porter la toge qu'on ne porte plus à Rome. Ainsi mon ami l'élusate et vicieux Rufin, œil et bras de Théodose en Orient. Je pense aux Gaulois capricieux, aux Ibères ambitieux qui ne complotent à Milan que pour nos honneurs et nos titres, pour un siège au Sénat, une province à épuiser et qui ne comptent leur pactole qu'en solidus, deniers et sesterces. Ils savent tout de nos dieux, de nos héros et légendes. Ils peuplent tout mon univers. Et je ne suis moi-même qu'en étant l'un des leurs. Car le temps n'est pas venu – et ne viendra jamais – où le citoyen romain, peu à peu délié de ses devoirs civiques, se verra ébranlé, désuni et gagné par ce souci de soi, par cette obsession de ce qu'il est ou devient dans le mystère de son âme. Une obsession qu'entretiennent désormais quelques dévots du Christ.

Alors, qu'est-ce donc qui allait soudain m'affliger et m'installer dans une sourde mélancolie ? Ce fut d'abord de voir s'espacer puis disparaître à mes yeux les cyprès, les oliviers, les douces collines de nos provinces sur lesquelles soufflent encore les vents de notre Méditerranée. Autour de la voie où nous circulions, les défilés se faisaient plus abrupts, les monts plus sévères, le feuillage plus sombre. Partout des chênes et des bruyères, et la noire muraille des sapins dont aucun ne rappelle la gracieuse silhouette du pin des bords de mer. La Gaule chevelue, aux odeurs aigres, aux goûts de suint et de chaux, la Gaule aux ciels gris et pluvieux semblait tout à coup s'épaissir pour nous absorber. Pour nous imposer la rudesse de ces plates maisons faites de pierrailles et de vilain mortier dont nous ne voudrions pas pour cimenter nos mosaïques.

Je pensais à ce courrier que nous échangeons, à ce que tu me dis de la mort avérée de Rome, à cette consomption d'un Empire dont je suis fait. Et je percevais partout alentour l'épaisse rumeur barbare qui guette de ses yeux fourbes notre longue fatigue pour enfin nous étouffer. Partout, jusque dans nos villes de garnison, m'apparaissaient les ruines et vestiges des misères infligées au siècle dernier par toutes ces hordes venues du Nord et de l'Est. Au fur et à mesure que j'approchais des confins de l'Empire, je sentais bien que Rome avait ici le souffle court. Et je voyais que mon siècle, celui de Dioclétien, de Constantin et de mon malheureux Julien, ne présentait, dans un déclin général, qu'une rémission passagère. Et que l'Empire jadis si noble et athlétique n'était devenu qu'un vieillard portant beau mais déjà décharné et qui radote sur ses gloires anciennes.

Chaque jour, dans cette garnison, s'affalent des centurions fourbus. Ils arrivent de la place forte de Vitidurum et leurs récits sont effrayants. En nous contant les incursions, le harcèlement des Goths, des Huniaques et autres Alamans, ils nous remémorent les effroyables misères du siècle passé quand les colonnes barbares dévastaient quasiment toute la Gaule. Nos Césars, à la pointe de l'épée, ont rétabli pour ce siècle-ci une miraculeuse harmonie. Ce fut, je puis en témoigner, une belle, une magnifique restauration. Mais je la sens elle-même qui s'épuise. Il descend dans nos veines une insondable lassitude. L'Empire nous ruine sous les taxes pour entretenir des soldats gagnés par les mutineries, des fonctionnaires récalcitrants, des préfets corrompus. Depuis Tacite nous savons que « plus l'Empire se dégrade, plus les lois se multiplient ». Et nous sommes écrasés de lois et de décrets. Rome en est à ouvrir des ateliers d'Etat, à édicter et réglementer pour répartir sans fin le trop-plein des dépenses dans l'exiguïté qui gagne. Car elle gagne ! Les statues de nos empereurs sont à ce siècle-ci gigantesques, trois fois plus grandes et massives que sous Auguste, mais l'Empire, lui, rétrécit...

Nous recrutons nos généraux parmi les Barbares. C'est un Vandale, Stilicon, qui tient à la Cour le haut du pavé, un de ces Vandales qui finiront par forcer un jour notre frontière du Rhin. Et puis, vois-tu, tout ici devient trop différent : autres mœurs, autres valeurs où la ruse déprécie le courage, où le profit déprécie l'honneur. Non pas une démolition, mais une patiente, j'allais dire « déconstruction » de l'Empire. Oui, je suis las, cher Antoine... Dans l'air que je respire, je vois déjà voler les cendres d'une universelle défaite.

Hier, avant d'atteindre Novodunium, nous avons aperçu, cloués sur la porte d'une masure gauloise un corps empaillé de chouette et les pattes croisées d'une louve. J'y ai vu un affreux présage : en son oiseau la mort de Minerve, et sur ce misérable trophée de poil gris, le supplice de la louve romaine. C'est alors que j'ai songé à t'écrire et pensé que tu me comprendrais.

Aurélien

Antoine à Aurélien

Quelle énergie mettez-vous donc, cher Aurélien, à prolonger vos noms au-delà de la mort ! De l'ex-voto jusqu'aux tombes somptuaires, que de soins, que d'argent, que d'efforts pour vous ménager une place dans l'empire des morts ! Rien de tout cela, désormais, chez nous ! Les foules de mon temps s'engloutissent dans la mort comme dans la mer innombrable. Et les plus notoires tombent eux-mêmes dans un oubli instantané. Les morts ne menacent plus guère de leurs tombes vaniteuses l'exiguïté des cimetières. Dans mon enfance encore, le rituel du souvenir tournait autour du cadavre mais avec l'incinération qui se généralise, le rituel tourne court et le souvenir aussi. La postérité a de moins en moins d'avenir.

Antoine

Aurélien à Antoine

Je le pressentais, mais ce départ me glace... Paulin de Nole, oui, ce Paulin dont je t'ai parlé, s'exile sur ses terres espagnoles, happé par sa femme, la pieuse Therasia, englouti par l'offrande de sa vie à Jésus. Voilà, cher Antoine, un ami qui s'enfuit, que dis-je, qui s'enterre dans sa dévotion ! Rupture brutale, outrée, dont la nouvelle religion est prodigue. Ausone, troisième compagnon de notre trio désormais défait, pleure déjà (en vers) sur le « joug brisé d'une longue amitié ». Dans toute la province d'Aquitaine et jusqu'à la Cour de l'Auguste, ce départ sans retour, cette réclusion obstinée font grand bruit. Car Paulin, cousu d'or, rhéteur de premier rang, patricien jadis élevé au consulat, a fait savoir par ses intendants, en quelques mots lapidaires, qu'il ne travaille plus qu'à son « salut », qu'il vend ses terres, s'abîme en pénitence et mortifications, bref, rompt avec le monde et tous les « impies » (dont je suis).

Où est le temps délicieux où il m'expédiait d'Ibérie, par ses courriers privés, de l'huile et du garum de Barcino ? Le temps de nos entretiens libres et déliés ? Le temps de cette douce correspondance, lorsqu'il m'adressait chacune de ses harangues improvisées que recueillait l'excellente sténographie de ses *notarii*. Nous échangions alors nos avis avec une confiance qu'on eût dite inaltérable. Hélas ! Entre nous s'élèvent désormais non seulement les neiges des Pyrénées mais ces murailles infranchissables que dresse le fanatisme des religions d'Orient.

Je savais qu'il aimait le Christ d'une foi ardente et que sa femme, aussi fortunée que lui, était depuis longtemps recuite d'ascèses diverses. Vois-tu, ce que ces riches adorent chez Jésus, c'est la pauvreté, la compassion aux indigents, la charité. Ce qui les émeut c'est la souffrance de leur idole crucifiée. Aussi bien les premiers gestes de leur enfouissement vont à l'abandon des richesses, à la commisération pour les déshérités – *consolatrix afflictorum*. On me dit que Pinien et Mélanie de la gens Valeria – la plus grosse fortune de Rome – songent de même à se dépouiller : ils vendent non seulement leur or et leurs bijoux mais mettent à l'encan leurs immenses domaines d'Espagne, de Numidie, de Mauritanie... Bientôt viendront le jeûne, le désert, la chasteté, le cilice en poil de chèvre, la pénitence, les macérations que tous s'infligent comme des possédés de Mithra.

Lorsque Paulin me taquinait sur ma fidélité de routine aux rituels d'Apollon, je plaisantais en retour sa passion d'esclave pour un Jésus trop humain. Et pourtant, je faisais effort pour l'écouter, le comprendre, mais je ne rencontrais jamais de révérence à la majesté divine, révérence que nous eussions pu, qui sait, partager... Non, on ne trouvait déjà chez lui que pleurs et miracles, hosties et sang – le corps du Christ, le sang du Christ –, et déjà aussi quelques imprécations contre nos dieux et nos autels, fort étrangères à sa nature délicate, mais qu'il empruntait à ce forcené de Tertullien. Je l'en moquais mais il bronchait sous mes piques. Et nos conversations tournaient court...

Il y a quelques années, quand le concile de Constantinople confirma les condamnations, un demi-siècle plus tôt, du fameux Arius par le concile de Nicée, je m'enhardis – pour le pur plaisir de la polémique – à lui confier que cet Arius-là manifestait, pour un dévot, bien du bon sens en refusant au Christ la « consubstantialité » avec Dieu le Père. Que n'avais-je pas dit ? Paulin me jeta des yeux furibonds, se plaignit de me voir plaisanter les articles de sa foi. Et m'asséna avec les trois cents évêques du concile que le Galiléen était bien « le vrai Dieu du vrai Dieu ». Et donc de même « nature » (pour autant que Dieu en ait une...).

Aujourd'hui que j'ai, grâce à toi, ce privilège de pénétrer l'avenir, une intuition s'impose à moi qui déjà me titillait dans mes échanges avec Paulin. C'est que la religion de Jésus ouvre, quoi qu'elle en ait, la première et décisive brèche dans l'ordre divin. Tout le mérite que tu reconnais à la chrétienté d'avoir conféré à l'homme une étincelle divine et, par l'incarnation, une dignité personnelle qui fonda, me dis-tu, votre fameuse liberté individuelle, tout ce mérite historique ne m'empêche pas de penser que le premier arrachement à Dieu vient du Christ. Là où tu applaudis à la descente de Dieu sur la terre, je n'aperçois que l'appropriation de Dieu par un juif illuminé pour la glorification de l'individu. Et même, à t'entendre, je me convainc qu'au fil des siècles, la logique intrinsèque de cette incarnation sera bien d'engendrer – une fois l'homme libéré, auréolé – d'abord le divorce de l'homme et de Dieu. Puis pour finir – c'est toi qui me l'apprends – la mort de Dieu lui-même.

J'exagère? Tu en jugeras! Mais mon idée, vois-tu, c'est que le christianisme, en dressant vers le ciel une échelle entre Dieu et son fils, émancipait les hommes jusqu'à leur inspirer un jour le goût de tirer l'échelle. Tu me dis que c'est fait. Tu ne m'étonnes pas! Je comprends bien qu'il appartenait au Christ de fonder par le mystère de l'incarnation cette glorification de l'homme, de lui assurer une espérance de félicité si son âme immortelle la méritait. Mais, au risque de blesser ce qui te reste d'allégeances chrétiennes, je crois que le ver était dans le fruit de cette croyance.

J'imagine d'ailleurs volontiers qu'à ton siècle – au crépuscule, semble-t-il, du règne chrétien – les prêtres vivent leur sacerdoce dans le service de plus en plus exclusif de l'humanité souffrante et l'oubli de plus en plus patent de Dieu le Père. Tu m'écris toi-même que si ta fabuleuse science rétablit ou du moins ménage la majesté énigmatique du Créateur, le Christ, lui, se trouve peu à peu chassé de la crédulité publique. Il devient de plus en plus, et pour ce qu'il lui reste de fidèles, l'ultime pasteur de la vallée de larmes.

Oui, je sais... Cher Antoine, je vagabonde, tête en l'air, dans la légende des siècles, mais, que veux-tu? ton courrier m'y invite... Car, enfin, comment ne pas voir une connivence entre nos deux époques lorsque j'apprends qu'avec le déclin de l'Eglise chrétienne, c'est un homme rendu à sa solitude qui va, chez vos peuples d'Occident, aborder le prochain millénaire? Une solitude en somme toute semblable à celle de mes aïeux, dans ces siècles où Apollon n'était plus pour nous qu'une image et le Christ pas encore un homme. Tu te souviens que cette solitude, Rome ne l'a pas longtemps supportée : elle inventa le Christ. Mais, dis-moi, supporterez-vous longtemps votre propre solitude ? Qui donc ferez-vous descendre de votre ciel sinistré ?

Aurélien

Antoine à Aurélien

Apercevoir la mort de Dieu dans la naissance du culte chrétien ? Bizarre voyance ! Vraiment, cher rhéteur, depuis que tu sais l'avenir, tu n'y vas pas de main morte. Heureusement pour toi, ton Empereur ignore ce courrier : il sent le fagot... Ecoute le poète :

> *« Ton imagination compare nos tableaux*
> *Et dans des maux passés croit voir mes propres maux*
> *Tant des lieux et des temps prompte à franchir l'espace*
> *D'un âge dans un autre elle aime voir la trace... »*

Comprend ceci : je me plais autant que toi à ces parentés d'époque, mais, comme toi, j'en vois les absurdités. Tu es le fils de ton temps et moi du mien. Nous ne mettons nullement le même prix aux choses, aux idées et moins encore aux sentiments. Exemple : tu méprises l'humilité que la chrétienté nous apprit à estimer et tu admires l'orgueil qu'elle aspire à rabattre. Il y a chez toi je ne sais quoi d'altier et d'impassible où l'on verrait aujourd'hui de la suffisance, si je ne te savais tout simplement dénué de cette inquiétude coupable que le sentiment chrétien inocule. De là sans doute cette impavidité qui te fait détester chez nous le changement et l'inconstance privée et publique où nous entraîne notre folle insatisfaction. Quand tu dénonces « l'affliction maladive » des chrétiens, je vois bien que tu peins la contrition qu'ils imposent à leurs pensées, à leurs mœurs, et qui va de la soumission au Seigneur jusqu'à la cafardise. A mon époque, cette espèce de chrétiens-là disparaît. Mais on respire encore, chez ses derniers dévots, l'empois et le moisi de cette continence.

Cela dit, cher Aurélien, on ne juge pas d'un lion sur ses puces. Et puisque tu aimes cavalcader sur les siècles, dis-toi bien que la Chrétienté aura été le cœur et l'âme de l'Occident : son secret, sa puissance et sa grâce, sans nul doute son génie. Tu ne manques jamais, toi, d'attribuer à Jupiter, Junon et Hercule la gloire de Rome. Laisse au mécréant que je suis le soin de te dire, de même, que l'Occident durant des siècles n'a cessé de vaincre sous le signe du Christ. Celui-là même *(in hoc signo vinces)* que Constantin au début de ton siècle vit apparaître dans un ciel encore peuplé des cortèges d'Apollon. La religion, nous le savons bien, n'est pas la seule à enfanter la cité, ses armes et ses lois. Mais elle est le socle où s'édifient les vertus, les préceptes, tout ce qui règle les mœurs et pour finir les institutions de la patrie. Elle a, pendant des millénaires, tenu le glaive des batailles, écrit les livres de la loi. Si les peuples du monde entier calculent, roulent et forgent avec nos machines, si les trois ou quatre milliards d'esclaves de la planète rêvent de se faire affranchir par les Droits de l'Homme que nous avons institués, la Chrétienté n'y est pas pour rien !

Je me garde d'en surévaluer l'influence, tant d'éléments variés – la science, le commerce, la fertilité des femmes et celle des sols, que sais-je encore – ont concouru, sans elle ou avec elle, au triomphe du grand Occident. Mais la religion, parce qu'elle avait mis Dieu dans l'homme, lui insuffla le désir et l'énergie de parachever la Création. Ecoute l'Ecclésiaste : « Dieu a jeté devant l'homme le monde comme une pâture... » L'homme s'en est emparé. Il a tracé dans cette pâture deux voies royales : la maîtrise de la nature par la science et les techniques, et la maîtrise pour chacun d'un espace accru de droits et de libertés. Comme elle prétend à l'universel, la Chrétienté n'aura cessé de diffuser *urbi et orbi* ces deux accomplissements majeurs. Tandis que l'immense Chine – qui nous précéda dans maints savoirs essentiels – les confinait dans ses murailles, nos soldats guerroyaient hors les murs pour la plus grande gloire du Christ, nos bateaux bravaient les tempêtes de tous les océans, nos colons labouraient le nouveau monde, nos prêtres prêchaient les Barbares d'Afrique, nos médecins allongeaient les vies, nos livres couraient de main en main et nos machines portaient dans toute la planète le bruit assourdissant de notre zèle. La « pâture » de Dieu, oui, nous l'avons dévorée...

On te dira bien sûr que les chrétiens ont entravé les progrès de nos savoirs par une fidélité bornée aux fables des Ecritures. Que la terre fût ronde, ils ne purent en effet longtemps l'admettre... Et l'on trouve encore des dévots pour refuser ce que notre science de l'évolution nous apprend de la création de l'homme. Mais je te dirai aussi que l'Eglise par sagesse ou réalisme, par idéal ou intérêt, apprit à composer avec César.

Peut-être même, si tu pouvais, de mon époque embrasser la légende de nos siècles, tu t'émerveillerais que la Chrétienté sût si bien prolonger le Bien ou le Beau, mystique ou profane, de l'idéal antique. Parfois il nous plaît de réunir pour une vaste et haute idée de l'homme les bienveillantes tutelles d'Athènes et de Jérusalem. Sur les épaules de chaque homme d'Occident furent longtemps penchés – visibles ou invisibles, connus des princes et des sages ou ignorés du populaire – d'un côté les héros d'Homère ou de Virgile et de l'autre les saints de l'église chrétienne. Et il arrive alors que par quelque grâce d'En Haut le sourire divin, à Reims, d'un ange de pierre redessine le sourire lumineux de Minerve.

Ne crois pas que le seul mérite d'une religion soit de servir ou d'exalter une croyance. La religion accorde les actions des hommes au surréel, à un ordre sacré, à des rituels accompagnant la naissance, le mariage ou la mort. Mais au-delà, par rayonnements divers, elle innerve toute la conscience collective. Elle inspire un « sens » à la destinée communautaire. Elle enfante, pour la société, un « système » (*« tota ratio »* , dit ton Cicéron). Et naturellement le système survit à la disparition de la foi. Tu n'imagines pas à quel point notre temps, aussi laïc soit-il, conserve l'héritage de l'ancienne Chrétienté. Il y a un siècle déjà les adversaires les plus combatifs de la religion chrétienne servaient une morale sans dieu qui ressemblait à l'autre comme deux gouttes d'eau : devoir, mérite, loyauté, décence privée. Et l'Etat français, un des plus laïcs qui soit au monde, ne cesse de sacrifier au principe d'un Etat providence qui n'est le plus souvent que la version laïque de la charité. Quant à la jeune Amérique, sache que le pouvoir civil y reste aujourd'hui encore sous le contrôle vétilleux d'un sentiment chrétien fort enraciné. Là-bas, le souverain élu prête toujours serment sur la Bible...

Je ne veux pas, cher Aurélien, prolonger ce péan de la Chrétienté. Mais simplement te dire que pas plus que tu ne désires tourner le dos au culte impérial et à la Rome de tes ancêtres, je ne puis à mon tour jeter aux orties le passé chrétien dont je suis fait. Toi qui te plais à nos connivences, voici la plus certaine : nous sommes l'un et l'autre fidèles à ce que nous ne croyons plus.

Antoine

Aurélien à Antoine

Mon secrétaire Silicus, avec un faux air de plaisanter, me dit qu'il a, cette nuit, rêvé qu'il jouait de la trompette sacrée. A peine réveillé, il consulte, dans ma bibliothèque, et pour l'onirocritique, la *Clef des songes* du fameux Artémidore et il m'annonce que voici présagé... son prochain affranchissement. Je lui demande alors ironiquement si ce sera par ma propre grâce ou par *vindicta*, par réclamation devant magistrat. Il s'empourpre de confusion, bafouille et s'enfuit. Je ne le reverrai plus de la journée.

J'y pense : qu'en est-il avec tes serviteurs ?

Vale et me ama,
Aurélien

Antoine à Aurélien

S'ils pouvaient, comme moi, te lire, les historiens de mon temps ne comprendraient pas, mon pauvre Aurélien, que tu gémisses dans ton coin sur un monde qui s'écroule. Pour eux rien ne s'écroule jamais. Ils ne pardonnent pas à leurs devanciers d'avoir tronçonné le passé à coups de serpe en périodes roses ou noires. Je puis d'ailleurs comprendre qu'ils s'agacent ! Mais je t'assure qu'ils exagèrent : contre nos vieux maîtres qui montaient en épingle ce qui change dans ce qui ne change pas, ils ne s'attachent, eux, qu'à ce qui ne change pas dans ce qui change. Et où rien ne dépérit ni ne meurt. Pour enterrer l'homélie ressassée sur le déclin et la chute de l'Empire romain, ils ont donc décidé de réhabiliter ton époque, de lui redonner de plaisantes couleurs, de ne plus l'appeler Bas Empire mais Antiquité tardive... J'espère que cela te fait une belle jambe...

Vois-tu, le seul mot de déclin suffit à mettre en transe nos doctes. Il y a, chez nous, un « tabou, un interdit de la décadence ». Ceux qui comme toi et moi murmurent le mot proscrit passent pour des vieillards ignorants. Laissons-les dire ! Car enfin il y a bien des hauts et des bas dans le destin des peuples. Tu n'as pas rêvé, et moi non plus, que ton Empire se détraquait dans la Tétrarchie. Qu'il se décomposait – c'est ce que tu m'écris – entre pouvoir d'Occident et d'Orient, se soumettait aux caprices des militaires, à l'étranglement fiscal, perdait son énergie et sa vitalité. Tu ne rêves pas en constatant que d'Auguste à Valentinien et d'Horace à Symmaque la pente descend. Tu n'as pas déliré en pressentant, toi qui m'écris sous Théodose, que les Barbares allaient dans une ou deux décennies mettre à sac la Ville Eternelle. (Je te le confirme : Alaric et ses Wisigoths l'ont bel et bien saccagée...)

Nos grands rectificateurs d'Histoire disent que l'effondrement des empires n'implique pas une décadence générale de la société. Fort bien ! Et que, dans un nouvel édifice, on trouve des briques de l'ancien. Evidemment ! Mais ce n'est pas du tout leur antienne : là où tu vois un Empire qui cesse, ils ne voient qu'un Empire qui dure. Ainsi font-ils tout un plat de la *nobilitas*, de ces aristocrates de fonction, titulaires de la puissance publique dans divers royaumes de France, de Germanie et d'Italie, héritiers de ton Empire. Tous ces hiérarques, porteurs du ceinturon de noblesse, prolongeaient, dit-on, le pouvoir impérial. Bon ! Et alors ? Je salue volontiers cette caste du ceinturon, qui transmit – paraît-il – jusqu'au dixième siècle un peu, voire beaucoup de l'administration impériale. Mais enfin l'Empire lui-même, que je sache, n'a pas resplendi jusque-là ! Quant au reste, je veux bien croire que tes siècles furent plus inventifs que ne dit la légende, les Barbares moins barbares et tes clarissimes moins lubriques que leurs ancêtres. Mais en quoi tout cela dérange-t-il le fait avéré de la fin de l'Empire ?

Le meilleur que nos nouveaux historiens ont à nous dire, c'est qu'on restitue mal la trame du temps lorsqu'on la compresse en paquets datés selon les règnes des princes et le sort des batailles. Ma foi, là-dessus, qui ne les approuverait? Sous le défilé des « événements », on s'applique plutôt, de nos jours, à explorer le fleuve souterrain des croyances et des mœurs. On se juche, en haut, dans les cintres pour découvrir, en bas, dans le tapis, le dessin caché. Eh bien, pour le coup, tant mieux!

D'ailleurs, toi-même tu ne fais rien d'autre quand tu montres comment le surnaturel des dieux de tes ancêtres s'efface insensiblement devant le culte chrétien; comment le vague et diffus désir d'au-delà se concentre peu à peu dans l'unique gloire du Christ. Tu ne me dis rien d'autre quand tu mesures le crédit croissant de tes évêques en messagers de ce Dieu unique. Quand tu me décris la naissante Eglise en magicienne d'un changement de plus vaste amplitude. Quand tu la vois investir la cour des Augustes, ébranler le temple des vertus civiques, désorienter les hiérarchies, troubler l'esprit des esclaves. Et faire souffler la tempête sur cet océan d'aimables croyances où flottait l'ordre romain.

Sais-tu, cher Aurélien, que je ressens aujourd'hui des sentiments, au fond, tout semblables au tien? Je pourrais, moi aussi, te raconter, comme on le faisait jadis, l'histoire de mon siècle par les terribles guerres qui l'ont secoué, par l'affranchissement des peuples d'Afrique et d'Asie soumis à notre puissance coloniale, par l'impressionnante diminution des habitants de notre continent d'Europe comparée à la folle expansion des peuples prolifiques d'Afrique et d'Asie, par les conflits de classes et de castes sur la répartition des richesses, par les découvertes de la science qui ont tant accru nos pouvoirs et préservent encore notre statut de vieux riches. Oui, tout cela, bien sûr, pèse de son vrai poids, tout cela se mesure et définit à grands et justes traits notre sillage dans l'histoire du monde. Mais de même que tu vois dans tes siècles s'engloutir le socle de l'esprit et la stèle des dieux d'où s'élevait la gloire de ton Empire, de même je vois depuis deux siècles s'enfoncer sous mes yeux le règne bimillénaire du Christ. Et cela ne compte pas moins.

Tu as vécu l'aube indécise du Galiléen, j'observe, moi, son crépuscule. La nuit de Dieu envahit ma nation comme une houle immense. Non que le Christ s'efface devant le scepticisme des savants ou le persiflage des esprits forts, non, il s'étiole, privé d'air, d'espace et de sens, devant le cliquetis des machines, la nuée des signes numériques, le maillage sans fin des causes et des effets. Les interdits, le péché s'évanouissent avec lui. Le monde perd ses anges et ses démons, ses elfes et ses fées. Il se désenchante. Et les foules adolescentes, dans le tumulte et la trépidation, excitent et épuisent des corps que Dieu n'habite plus.

L'homme ne craint plus de commander, par la chimie et la médecine, à la naissance et la mort. Dans les fœtus des femmes, dans le lit des agonisants, il dispute à Dieu le sort de ses créatures. Après l'abolition des consolations divines et la disparition des règles célestes, voici les hommes contraints d'imposer entre eux l'injuste justice d'un ordre trop humain. Et la face de la Terre se décolore dans le miroir dépoli du Ciel.

Ecoute-moi, cher et lointain ami : l'essor du Christ chez toi, le déclin du Christ chez moi nous arrachent à nous-mêmes. Sous ces éboulis de croyances, nous cheminons en écorchés, en orphelins d'un monde disloqué, en mutants dans l'état pathétique de la mue. Une mystérieuse parenté nous rapproche, et c'est elle, j'en suis persuadé, qui emporte nos deux courriers sur les ailes du temps.

Antoine

Aurélien à Antoine

Voici le coup de grâce ! et qui explique mon retard à t'écrire... Je m'endormais ces temps-ci dans l'illusion : l'Autel de la Victoire, à Rome, avait retrouvé sa place, les cultes anciens se célébraient en paix. Et, à la tête de l'Empire, Flavinius et le préfet du prétoire, tous alliés à l'excellent Symmaque, animaient, ma foi assez vigoureusement, la résistance au fanatisme chrétien. Hélas, tout s'est joué sur la rivière Frigidus – la bien nommée – près d'Aquilée. Théodose revenu en hâte de Constantinople à la tête de légions portant la Croix sur leurs fanions vient d'écraser nos amis qui avaient sans succès fiché, sur les pitons des berges, des effigies de Jupiter...

A Rome tout le clan d'Eugène est, comme lui, décapité. Et dans l'Empire le triste édit de Théodose va partout prendre effet. « Que personne ne sacrifie plus une quelconque victime, que personne ne s'abandonne même à un sacrilège plus discret – ainsi en adorant son dieu lare par du feu, son génie par du vin pur, ses pénates par du parfum –, que personne n'allume des lampes, ne répande l'encens, n'accroche des guirlandes... » Voilà ! Peine de mort bien entendu pour les contrevenants. La religion du Christ devient la religion de l'Empire.

Ici en Aquitaine, les esprits restent encore paisibles, mais l'excitation monte de tous côtés. Ausone m'écrit que l'évêque Augustin d'Hippone que j'ai connu jadis à Rome, épris sans vergogne d'esclaves phrygiennes (et de Cicéron), opine à ces destructions, se réjouit à chaque nasarde expédiée à nos dieux. On vient à Carthage de raser la barbe d'or d'un Hercule monumental et Augustin applaudit, exulte : « Oui, faisons à Carthage comme à Rome... » Je me sens, quant à moi, encore protégé et je ne crains pas qu'ici, comme à Constantinople, les temples d'Aphrodite deviennent sous peu de banales remises à carrioles. Mais qui sait ?

Coupera-t-on bientôt les cyprès du bois sacré de Daphné où croît mon amandier favori ? Chaque jour où je le vois, j'aime à me souvenir qu'il est né des larmes de Cybèle à la mort de son fils Attis. Et que la subtile amertume de l'amande nous rappelle la peine inconsolable de la mère des dieux... Les dieux, vois-tu, meurent aussi !

Aurélien

Antoine à Aurélien

« L'homme, des nouvelles de l'homme... » tu es, cher Aurélien, insatiable... Nos conquêtes ne te suffisent pas, tu te cramponnes à ce qui, crois-tu, nous est commun : notre vie d'homme. En vain ! Mon pauvre ami, je te l'ai déjà dit, nous n'avons rien de commun sinon la carcasse. Car pour le reste... L'homme est en proie à maintes révolutions. Et d'abord à la révolution de la femme ! L'antique pouvoir du mâle, l'antique servitude des femmes vacillent. Une nouvelle race d'hommes ? Peut-être bien...

Le bouleversement le plus considérable de mon siècle, ce ne fut pas notre premier pas sur la lune, mais un médicament contre la conception. Oui, je le sais – par Pline – vous aviez l'atocium, cette décoction d'herbes, mais réservée aux riches, d'une efficacité précaire et qui ne vous a jamais garantis contre des multitudes d'avortements, contre ces nouveau-nés exposés à vos portes et destinés à la mort. Tous les peuples, à toutes époques, ont bricolé contre la conception des procédés aléatoires. Mais le nôtre – cette pilule *(pastillus)*, partout accessible dès la puberté – se révèle d'une efficacité parfaite. Les femmes ont désormais la totale maîtrise de leur fécondité. Et je te laisse à penser quelles tempêtes cette prise de pouvoir a opéré sur le mariage, sur la fertilité, sur le rôle des femmes dans la société. C'est bien une nouvelle ère de l'humanité qu'elle ouvre.

D'autant que la femme, de nos jours, quitte de plus en plus le foyer pour travailler à d'innombrables tâches nouvelles de commerce, d'administration, de service, sans compter tous les travaux lourds et pénibles que la machine a mis à leur portée. Cher Aurélien, ton idée de la femme est à réviser. La nôtre reçoit salaire, dit son mot sur tout, vote, devient éligible et participe au gouvernement de la nation. Oui, tu peux soupirer, la matrone rayonnante et vénérable de ton temps a vécu.

De ce double bouleversement, les effets s'apprécieront dans un demi-siècle... Mais on voit que le mâle dérangé dans une posture millénaire de domination vit plutôt mal sa descente de piédestal. Depuis que les armes sont d'un raffinement technique réservé aux professionnels, le mâle contemporain est de moins en moins guerrier. Le voici concurrencé dans le magistère familial par son épouse (quand il lui en reste une). Et fort désorienté dans sa stratégie érotique. Ajoute à cela qu'en plus de la contraception pour tous, nous avons inventé la conception sans mâle (par prélèvement et transmission médicale du sperme) si bien que l'étalon peut se trouver remplacé par la fiole. Tout cela affecte son antique virilité, faite, tu le sais, d'orgueil, de jactance et de vantardise.

Cela dit, je puis avec toi convenir que l'émancipation de la femme et la crise du mariage n'améliorent ni la fécondité des femmes ni l'éducation des enfants. Tu remues ici la plaie la plus vive : nos peuples riches n'atteignent pas tous – loin de là – le seuil de fécondité nécessaire à leur perpétuation. Et leurs enfants, coupés d'une génération parentale désunie, avancent sans mémoire, impolis et indifférents, laconiques et lunaires, bardés de machines communicantes, comme une foule d'extraterrestres débarqués d'une autre planète. Ils se réunissent parfois par dizaines de milliers dans des entrepôts désaffectés ou des carrières désertes. Aidés de quelques excitants, de quelques *venena* pour mieux s'halluciner, ils se dandinent des nuits entières sur des musiques d'Afrique dans un vacarme à assommer un bœuf.

De tout cela tu déduiras que notre société se décompose. Oui, évidemment ! Mais tu vas trop vite pour annoncer l'apocalypse. Tous ces désordres n'auront qu'un temps. Nous voyons ce qui sombre et qui nous engloutit nous-mêmes. Mais que feront, par exemple, les femmes de leur neuve et miraculeuse puissance ? Que feront-elles du sentiment amoureux ? Et du couple bimillénaire ? Tu n'en sais rien et moi non plus. « Dans le sein de nos nations lasses, les femmes sont un grand peuple neuf. »

Antoine

Aurélien à Antoine

Cinq ans déjà que nous nous écrivons ! Et que nous échangeons le récit de nos humeurs et les racontars de nos époques. Ah, mon ami, comme tu te complais à la tienne, comme elle t'inquiète et t'excite, mais au fond comme elle t'éblouit ! Tu n'aurais pas voulu en vivre une autre... Pour entendre parler d'elle, toujours et encore, tu me demandes ce qui, chez elle, me déconcerte le plus. Tu t'attends, j'en suis sûr, à ce que je bée devant vos voyages dans l'espace, vos mirobolantes machines, vos échos portatifs que tu appelles, à la grecque, des « téléphones », et qui vont vous relier à tout.

Eh bien non ! Pour être sincère, ce qui me stupéfie le plus c'est la nouvelle race d'hommes qui se lève parmi vous ! Ces foules solitaires, ces multitudes d'hommes emplis d'eux-mêmes où chacun ne veut être à personne pour être tout à soi. Hommes délivrés des engagements réciproques où se forme le seul vrai lien de la société qu'on appelle la confiance. Car (c'est du moins l'impression que ta plume distille) tes hommes « vraiment libres » paient très cher leur liberté. Pour satisfaire une soif de posséder inextinguible, pour mener à bride abattue leur propre vie sur une route sans fin, ils abandonnent aux pieds de leurs « libérateurs » le bien inégalable de la confiance mutuelle.

Je ne rêve pas : c'est bien toi qui me dis que l'institution du mariage se trouve pour la première fois en deux mille ans dévastée par le déferlement du divorce. Explique-moi comment les enfants de parents désunis s'éduquent et s'élèvent sans dommages ? Et puis dans ces foyers dispersés, que faites-vous des vieillards ? Leur enseignez-vous le suicide ou les expédiez-vous dans des hospices idoines pour qu'ils meurent sans déranger ? A propos, comment se fait-il qu'ayant si heureusement offert cette « pastille » aux femmes contre la grossesse vous n'ayez pas mis au point une « pastille » de la mort douce pour vos vieillards ?

Tu me montres aussi qu'avec l'extinction de l'agriculture champêtre les villages s'effacent au profit des grandes villes où chacun s'encloisonne dans un chétif périmètre personnel, grandes villes où dépérit la solidarité de voisinage. La religion, ajoutes-tu, ne relie sous son credo plus guère de croyants, et encore moins de fidèles dans ses églises. Quant à la patrie, tu me racontes qu'une longue paix, la disparition des devoirs militaires étranglent en douceur sa mémoire, son culte et son respect. Fasse le sort que vous n'ayez jamais à la défendre ! Qui voudrait mourir pour une morte ?

Mais alors quoi ? Qui êtes-vous ? Que devenez-vous ? C'est l'énigme du sphinx ! Pour le vieux Romain que je suis, comment se figurer l'état qui est le vôtre ? A mon siècle, et quels que soient les tristes avatars de l'Empire, je ne connais aucun homme qui soit, comme vous, délivré de toute appartenance. Qui, dans l'immense comédie humaine, ne soit, à son rang, l'acteur d'une famille, d'un clan, d'une corporation.

D'une citoyenneté cloutée de plus de devoirs que de droits, aimantée du sommet par le culte impérial.

Dans nos villes dessinées au cordeau, les forums, temples, thermes, théâtres et amphithéâtres occupent la majeure partie de l'espace urbain. Pourquoi ? Parce qu'ils constituent pour nous – lieux de culte, de mémoire, de négoce ou de loisir – l'espace vital de rencontres journalières, celui où respire l'âme même de la cité. Ainsi se sent-on comme la particule d'un corps innombrable à qui l'on donne et qui vous donne, qui vous gouverne et qui vous sert. Tu comprends pourquoi vous me paraissez aussi incongrus qu'une lune sans soleil, que des poissons sans eau ou des feuilles sans arbre. Aussi insolites que des maillons épars tombés d'une chaîne brisée...

Dans quelle espèce inconnue du monde des vivants, les fils s'acharnent-ils à rompre avec l'héritage de leurs pères ? Et les époux à fuir les devoirs du mariage ? Quelle société osa dénier aux prêtres et aux prédicateurs le soin d'enseigner le Bien et le Mal ? Que deviennent dans cette grande sape le désir d'harmonie, l'amour, la constance et la loyauté d'où rayonne la chaleur d'une humanité partagée ? Avez-vous remplacé la confiance entre citoyens, naturelle et de parole, par le recours glacé aux contrats et à la justice ? Avez-vous substitué à toute communion privée ou publique l'échange de codes ou l'échange d'argent, le plus froid de tous les codes ?

Oui, Antoine, tu as raison, ce grand chambardement autour de toi n'est pas une péripétie banale de l'Histoire ! On dirait que les peuples de ton temps changent de croyance, de conscience, de règles et de sentiments, qu'ils abandonnent toute mémoire, qu'ils se dressent devant le reste du monde en Narcisses planétaires, tout éperdus d'eux-mêmes, comptant sans fin leur or, prêchant comme évangile l'art de produire et de consommer. L'art aussi de conquérir mille libertés théoriques dont beaucoup ne serviront en vérité que leurs intempérances. J'aperçois chez tes « hommes libres » bien des esclaves qui s'ignorent, et que je vois moins libres que les miens.

Aurélien

Antoine à Aurélien

Crispa par-ci, Crispa par là ! Tu n'en as que pour Crispa la punique ! Ta Carthaginoise règle tes affaires du patrice, époussette ton style, décide de tes festins et triomphe dans ton lit ! Quelle perle ! Mais je crois deviner son succès, car nous en avons ici de semblables : immigrées, comme elle, des belles provinces d'Afrique. Et ce qui sur toi assure son empire, c'est justement qu'elle apporte au vieux Romain que tu es l'énergie d'une sève venue d'ailleurs !

Nous sommes, quant à nous, envahis par une population de même sang, venue tantôt pour des emplois que nous ne voulons plus assumer, tantôt pour fuir sa propre misère et voler vers nos ciels comme un papillon vers la lampe. Notre incurie d'Etat, loin de faciliter une installation progressive, a laissé ces malheureux s'introduire en masse. Et faute de pouvoir se glisser, se fondre lentement parmi nous, ils se sont rencognés dans des quartiers de nos villes où leur multitude échappe à nos mœurs et nos lois. Les plus âgés obéissent à la religion d'un prophète qui vaticinait au septième siècle dans les déserts d'Orient et devant lequel ils s'inclinent cinq fois par jour. Cette religion qui a fabuleusement converti, de l'Afrique à l'Asie, le cinquième de l'humanité est austère, belliqueuse, prosélyte et conquérante. Elle inquiète de temps à autre notre République. Quant à ses jeunes désoccupés ils donnent, chaque jour, du souci à la police.

Mais le violent amour de Dieu qui cimente ces peuples cède et cédera, chez nous, devant la richesse, les techniques et les plaisirs. Comme ta Crispa la punique, cette greffe d'Afrique réveille déjà par sa vitalité, par l'ardeur de ses désirs, nos foules grisonnantes, notre race exténuée. Pour te dire à quel point je te comprends, il m'arrive de préférer la compagnie de ces nouveaux venus, et leurs appétits de ventre-creux à l'assoupissement de ceux qui, chez nous, maugréent la bouche pleine.

Antoine

Aurélien à Antoine

Ne te méprends pas, cher Antoine : je n'ai jamais songé à comparer l'exercice démocratique de la République romaine – bien défunte, crois-moi – à votre démocratie. Je vois bien qu'observée de tes confins la démocratie romaine, déjà par le seul fait qu'elle n'incluait pas les esclaves dans la citoyenneté, n'était qu'un embryon, une ébauche réduite et grossière de ce que l'évolution politique allait produire chez vos peuples. Oui tu as raison, nos démocraties antiques étaient, à leur manière, fort aristocratiques, ce qui ne les empêcha pas de sombrer. La force les a vaincues et depuis plus de trois siècles nous ne comptons plus les empereurs « élus » sur le bouclier des légions.

Si je te comprends bien, la démocratie, chez vous, n'a guère plus d'un siècle. Et peut-être vivez-vous sans le savoir son âge d'or. Car avec l'ingénuité mais aussi la distance dépassionnée où me situe notre courrier interséculaire, il me vient quelques questions qui te paraîtront peut-être déplacées. La première est celle-ci : Etes-vous assurés que l'éducation des peuples – et donc des citoyens – les fera toujours dignes de l'intérêt général que chacun, par son vote, est supposé respecter ? Jadis nous n'y sommes pas parvenus au sein de notre élite républicaine. Et vous y réussissez pourtant avec la masse citoyenne. Pourrez-vous maintenir cet état ? Il me semble que dans l'exercice démocratique vous préservez déjà avec difficulté le respect de la loi et la protection des minorités. Et que le principe égalitaire tend à privilégier d'abord la prééminence des majorités. Auront-elles assez de vertu pour soutenir un tel privilège ? Je vous le souhaite. Mais je te sens désireux d'être rassuré. Ne compte pas sur moi...

Je crois par exemple que l'extension sans frein du principe qui vous est cher des « Droits de l'Homme » – principe égalitaire s'il en est – vous conduit à établir les femmes dans une égalité jusqu'alors inconnue. Fort bien. Mais est-ce que l'abus extraordinaire du même principe ne vous invitera pas un jour à l'étendre aux enfants ? Aux mauvais citoyens lorsque le principe d'égalité induit à plus de tolérance que le respect même de la loi ? A établir dans vos collèges un système égalitaire qui nierait la nécessité des élites, et proscrirait la récompense comme la sanction ? Vous donneriez alors aux enfants l'espérance illusoire d'une société tout aplatie et sans aucune tête qui dépasse. Mais ce n'est pas celle qu'ils vont dans la vie rencontrer. A moins bien sûr que vous ne reveniez, bon gré mal gré, vers cette société de termites dont tu m'as déjà dit, à maintes reprises, qu'elle avait en ton siècle tournée à la dictature. Et combien ne rêveront-ils pas – en secret d'abord, puis au grand jour ensuite – de la tyrannie éclairée des philosophes pour la préférer à la dictature des foules ?

Aurélien

Antoine à Aurélien

Une race d'individus solitaires, une race de « Narcisses », c'est ainsi que tu nous imagines, cher Aurélien. Je ne te disputerai pas là-dessus : c'est assez bien vu ! Ce que nous appelons notre « individualisme », c'est ce qui te déconcerte le plus. Ce qui te heurte toi et les tiens, liés, reliés, attachés que vous êtes à vos parents, amis, clients, esclaves, à votre maisonnée, mais au-delà, à vos concitoyens, fidèles du même culte impérial, fils d'une même patrie, sujets d'un même Empire ! De tous ces liens innombrables, nous nous sommes, quant à nous, grandement déliés, c'est vrai ! Déliés de la croyance qui nous jetait vers Dieu, de la confiance qui nous jetait vers l'autre, des devoirs qui nous pliaient aux règles. Et du sacrifice qui, dans la guerre, nous immolait à la patrie.

Ce culte du lien social, cette passion du « service » à Dieu comme à César – ce « service » que tu mets au-dessus même du bonheur –, tout cela est chez nous en ruine. Au bénéfice de quoi ? Au bénéfice, ma foi, de libertés profitables au service de soi. Au bénéfice, en somme, du souci de soi... Je te concède qu'il ne nous a pas épanouis autant que nous l'avions espéré. Et tu as raison : la grande maladie intime de notre temps est bien celle du moi. Nous avions oublié que Narcisse est un grand mélancolique, un demi-fou, un insane qui périra noyé dans son reflet.

Or c'est en « Narcisse » que tu nous vois ! Tu te rappelles, j'imagine, que Narcisse tire son nom du grec *narké*. Sombre, énigmatique vocable qui exprime, dit-on, l'engourdissement, l'hypnose, voire le poisson torpille qui la provoque chez sa proie. Voici peut-être pourquoi Narcisse rassemble, à mon époque, sous sa mythique tutelle ces foules erratiques et somnambules de jeunes solitaires, tantôt prostrés, tantôt trépidants, et qu'isolent du monde et le bruit et la transe... Narcisse leur aura inoculé sa *narké*, ses narcotiques, ses stupéfiants, tous ces *venena*, ces drogues moins excitantes qu'hypnotiques et qui l'enferment dans un cachot de miroirs. Oui ! Narcisse porte jusque chez nous l'affreuse sidération d'une partie de la jeunesse...

Cela dit, vois-tu, je m'inquiète moins que toi. Car derrière ces miroirs où s'enferment nos Narcisses, je sens je ne sais quel frémissement. Nombre d'entre eux, jusque dans leur extase, ressentent l'absence de l'autre comme un mutilé souffre de son membre amputé. Dans les élans collectifs d'une charité orchestrée par nos millions de machines communicantes, je sens bouger l'avant-garde d'une fraternité différente, d'un goût renouvelé de s'associer autrement. L'envie peut-être aussi d'avoir à qui donner pour pouvoir encore donner. Et qui sait, chez ces mutants, criblés d'ondes et de codes, mais privés de mémoire, la peur d'avoir un jour à mourir de froid. Attendons !

Antoine

Aurélien à Antoine

Tu te donnes beaucoup de mal pour m'expliquer les mérites de votre commerce magnifié qui règle, dirait-on, vos mœurs et vos lois, et que tu appelles le capitalisme. Nous disons tout cela en deux mots : *lucrum gaudium* ! le profit, c'est la joie...

Aurélien

Antoine à Aurélien

Tu te demandes si nous n'allons pas changer l'espèce humaine ? Ma foi qui sait ? L'homo faber est inlassable. En ce siècle, nous aurons pénétré le noyau de l'atome, au cœur de la matière, et désormais le code de la cellule, au cœur de la vie. En le manipulant nous pouvons modifier la plante, l'animal, changer leur croissance, leur résistance aux maladies, leur reproduction, en somme le plus intime de leurs dispositions. Comment imaginer que l'animal humain se soustraira longtemps aux nouvelles conquêtes de l'homo faber ? Tu as raison : nous n'y échapperons pas.

Déjà, je te l'ai dit, nous pouvons fertiliser les femmes sans coït. Mais il y a mieux, beaucoup mieux : nous pouvons copier, reproduire à l'identique un être vivant, et bientôt un homme qui sera donc en quelque sorte le jumeau de son père... Toutes les religions ont beau s'affoler devant cette mutation qui violente en effet l'idée que l'homme se fait de l'homme depuis deux à trois millénaires, crois-moi, elle se fera. Car tout ce que l'homme peut faire, un jour ou l'autre, il le fait.

En y pensant, représente-toi ce que fut le vertige où les hommes de mon siècle auront donc été précipités ! A son début on ne pouvait encore découpler le sexe de la procréation qu'au prix de précautions précaires :

chaque femme redoutait la grossesse non désirée et la misère de l'avortement. Puis nous avons connu, par la pilule que je t'ai dite, les commodités du sexe sans procréation. Et voici qu'enfin nous abordons la procréation sans sexe. Et après ? Bonne question en effet ! Si l'homme change à ce point, comment distinguer l'« humain » de l'« inhumain » ?

Antoine

Aurélien à Antoine

Mais enfin, Antoine, comment donc as-tu pu tant tarder à me mander la plus étonnante, la plus miraculeuse, la plus triomphante, la plus étourdissante nouvelle, et qui va changer l'homme autant que le fit sa conquête du feu ? De notre frère d'Occident – rivés que nous sommes, tous deux, au même sol de la même planète – nous discourons depuis cinq ans et nous nous distrayons de voir tantôt comme il a changé, tantôt comme il n'a point changé. Mais ce que tu me chantes aujourd'hui c'est que vos savants ont résolu l'énigme du créateur. Que vous avez débusqué le secret même de fabrication de l'homme. Au cœur de la vie, dans l'alphabet de ses « gènes » dont tu me parles et dont les milliards d'arrangements constituent chaque être vivant, tu élucides le végétal et l'animal ! Et donc l'homme même. J'en suis abasourdi. Et d'abord stupéfait que dans vos froideurs de calculateurs, dans vos routines de savants, vous ne soyez pas interdits et tremblants devant ces portes qui s'ouvrent à votre avenir de démiurges.

Tu me dis benoîtement que vous allez de cette manière soigner, et dès avant la naissance, des maladies dites de « naissance », constituer pour chacun des réserves d'organes neufs pour remplacer les défectueux.

Très bien ! Mais tu me dis aussi que vous ne résisterez pas longtemps à la tentation de reproduire à l'identique un homme comme vous le fîtes d'une brebis...

Alors, à moins que je ne rêve, c'est toute l'organisation de l'espèce humaine qui dans un siècle ou deux pourrait être repensée... Je vois Platon se retourner dans sa tombe, ressusciter (comme je ressuscite dans ce courrier magique), et demander à présider des assemblées de philosophes aptes à régler le nouveau parcage du troupeau humain. Car, si je t'entends bien, vous tenterez un jour de réduire la bestialité de l'homme, d'éradiquer la part reptilienne inscrite dans ses viscères... Par Hercule, je n'en dors plus... Je divague sans doute, mais ce que tu m'apprends m'oblige à divaguer...

Vale et me ama,
Aurélien

Antoine à Aurélien

Je ne sais, cher Aurélien, si tu divagues. Si – et puisque nous savons, en effet, l'alphabet de la vie – un homme vraiment nouveau, construit ou reconstruit dans ses quarante mille milliards de cellules, sortira de nos mains comme jadis de la cuisse de Jupiter. Mais ce dont je me persuade, c'est que le moule mental où, toi comme moi, étions éduqués, domestiqués, apprivoisés, ce moule se fissure de partout. N'y touchons pas, il est brisé. Qui donc achèvera de le mettre au rebut ? Sera-ce cet homme nouveau, pur chef-d'œuvre de Prométhée ? Ou le vieil homme d'Occident se couchera-t-il de lui-même dans la lassitude de sa longue domination, le remords de ses victoires et de ses satiétés ? S'effacera-t-il, submergé par les migrations interminables des peuples d'Asie ou d'Afrique, par leur nombre, leur obstination, leur irrépressible vitalité ?

Toujours est-il que l'ère occidentale du Livre et l'empire du Dieu unique commencent de s'engloutir avec l'écrit des Ecritures. L'homme que nous fûmes – grec, juif, romain, chrétien – dont les prêtres et les maîtres, l'Église et l'Etat ont captivé l'esprit, discipliné l'âme, cet homme-là vacille sur son piédestal. Sa science encore inégalée découvre sous ses pieds des abîmes. Mais dans le même temps la masse y écrase l'individu, l'image le mot, l'émotion l'intelligence. Et pas plus que toi je ne parviens à deviner qui, dans la confusion croissante de la fourmilière, pourrait oser concevoir l'harmonieuse maîtrise d'une planète remuée par tant de courants inconnus.

Au moment même où la science devient capable de recréer un homme neuf à partir de son « alphabet » génétique, voici que ses « fabricants » voient s'épuiser leur idée bimillénaire de l'homme. Personne n'a plus l'inspiration ou la force de la défendre. Cette doctrine de l'homme – fille d'Athènes, de Rome et de Jérusalem – nous l'appelions « humanisme » parce qu'elle prenait l'homme pour fin et valeur suprêmes. Parce qu'au sein du monde animal, elle distinguait chez l'homme une essence singulière. Mais alors, cette différence de l'homme, cette onction divine qui lui conférait sa dignité ne serait-elle en réalité qu'un gène bientôt identifié par nos savants et qui nous distinguerait platement de notre cousin le singe ? L'homme que nous fûmes serait-il une invention, après tout, récente, dans le compas multimillénaire de l'espèce ? Et devient-il désormais un objet à modifier ?

Cher Aurélien, nous nous comprenons mal mais, malgré les seize siècles qui nous séparent, nous sommes faits, vois-tu, d'une même argile. Je la sens sous mes doigts qui craquelle et s'émiette. Tu vois que l'écriture – et par exemple ce courrier – reste encore possible entre nous. Mais j'aperçois, à l'horizon, un précipice. Il va désunir cette ronde des dieux et des hommes où nous aimions et rêvions de concert. Je sens que nous allons, l'un comme l'autre, disparaître dans ses derniers et languissants échos. Et qu'avec moi tu vas mourir une seconde fois...

Antoine

Aurélien à Antoine

Cher Antoine, comme tu passes vite de la mélancolie (ainsi de ta dernière lettre) jusqu'à l'attente d'une glorieuse renaissance de notre monde commun. Tu me dis qu'il ne fédère désormais que le quart de l'humanité, et il faut en effet à tes peuples une belle confiance pour imaginer que leurs armes et leurs lois, leur science et leurs prêches maintiendront leur ancien empire sur ta planète ouverte à tous vents. Mais je me garde d'ironiser. Car je passe par les mêmes sentiments lorsque je crois et ne crois pas que ma Rome fatiguée puisse me survivre. Il m'arrive, sais-tu, de me lire quand je te lis. Et d'éprouver moi-même ce vertige de dépossession que tu éprouves à te croire devenu (redevenu) un Elusate de mon siècle.

Ma confidente Crispa la Carthaginoise, versée comme elle est dans les mystères orphiques, se rit de mes questions oiseuses sur l'avenir de Rome, de mes amis ou de ma maison. Elle répugne certes à braver mon scepticisme. Mais sans espérer pouvoir un jour m'initier, il lui arrive de distiller le plus gros de ses étranges croyances. Je l'écoute sans rien dire. Mais avec, tout de même, en mon for intérieur, un scepticisme ébranlé depuis ces cinq années où je me trouve (avec toi) soumis à notre magie épistolaire. Car enfin, avoue que notre courrier interséculaire est bien dérangeant pour des esprits rationnels...

Hier soir, la nuit tombée, dans le concert des grillons, assise à son petit bureau de thuya où elle range ses tablettes, poinçons et onguents, avec à ses pieds ce lévrier aux yeux gris, un vertagus de Gaule qui ne la quitte jamais, elle m'entreprit à nouveau sur l'enseignement de sa secte mais sans rien dévoiler, tu t'en doutes, des sortilèges qui ouvrent les portes de ces antres sacrées que j'abomine. Et d'abord, répète-t-elle avec un air pénétré, parce qu'une mort soudaine les protège contre toute indiscrétion, contre tout blasphème. Mais elle m'a rappelé sa conviction, pour tout dire assez commune, que le temps est une arche où tout passe et repasse. Une roue qui tourne sans cesse. Elle ajouta, avec ses grands yeux pers, bien appuyés sur moi : « Tout homme est deux hommes et le véritable est l'autre... Après notre mort, nous nous unissons à lui. Et nous serons lui... » Je ne te cache pas que ces derniers mots m'ont fait un peu pâlir. J'ai pensé à notre courrier et je me suis senti frissonner. Le chien gémissait vaguement, agité par quelque songe. J'ai dit que j'avais froid et qu'il était temps de se coucher.

Dans ma longue insomnie, je me suis alors reproché ma couardise. J'ai pensé à mon âge et aux dispositions à prendre. A commencer par l'affranchissement de Crispa qui m'est si proche et précieuse. Et j'ai pris cette décision que, j'espère, tu ne désapprouveras pas : je vais dès demain confier à Crispa l'Histoire Auguste encore inachevée dont elle a recopié quelques paragraphes épars mais dont elle ignore le dessein général.

Et puis, cher Antoine, je vais lui révéler le secret de notre courrier. Orphée, qui sait ? lui en dira le fin mot...

Vale bene ut valeam
(Porte-toi bien pour que j'aille bien),
Aurélien

Antoine à Aurélien

Aurélien, mon ami, que se passe-t-il ? Me voici depuis des mois sans nouvelles de toi. Sur la dalle de marbre sectile où se cachait notre courrier secret poussent maintenant les ronces, le lierre, la menthe sauvage et, curieusement, quelques asphodèles jusqu'ici inconnus dans mes parages. Je crains que le charme de notre courrier magique ne soit rompu. Détrompe-moi !

Figure-toi que je viens de louer une partie de ma villa où je me sens de plus en plus esseulé à...

(lettre interrompue)

Au lecteur

Si vous avez suivi jusqu'au bout ce courrier de la cinquième saison, peut-être désirez-vous en percer le mystère. Hélas, je ne vous serai pas d'un grand secours...

Avant de remettre cette liasse de lettres à l'éditeur, j'ai pourtant fait le voyage d'Eauze, capitale de l'Armagnac. J'y ai trouvé sans peine la demeure d'Antoine Scribe, une chartreuse aux volets clos, comme posée sur une éminence boisée, un peu à l'écart de la ville. Le jour de ma visite, elle était inoccupée, mais ouverte à tout venant. Je m'y suis donc promené, un soir d'été, sans déranger ni les crapauds, qui coassaient dans un petit étang limoneux, ni même, au loin, un chevreuil occupé à brouter les basses branches d'un chêne. Je ne découvris nulle trace d'un quelconque vestige antique. Et rien non plus d'intriguant, sinon peut-être ces asphodèles, aujourd'hui épars sur un modeste terre-plein, à un jet de pierre de la maison.

Celle-ci paraissait convenablement entretenue, sans doute par ce locataire dont un paysan voisin m'avait confirmé la venue épisodique. Le lendemain, après un saut chez le notaire de Condom, je visitai dans la région les ruines d'une villa romaine à Séviac. Puis le taurobole de Lectoure, où je me ressouvins de l'épouvantable cérémonie du culte de Mithra que raconte Aurélien. Enfin j'allai d'un tour de roue contempler un sarcophage sculpté du quatrième siècle représentant Orphée... Toujours, ce quatrième siècle !

Le soir tombait, et je revins à la maison d'Antoine Scribe pour voir si d'aventure le locataire y était revenu. Eh bien, oui ! Et c'était une locataire. Une femme sinueuse et brune, habillée d'une tunique de lin blanc, fermée d'une épingle (d'une fibule ?) avec, autour d'un cou très haut et très blanc, un bizarre collier de chanvre. Elle me reçut sur le pas de sa porte, sans me faire entrer, avec une certaine froideur. Je lui dis que je cherchais des nouvelles d'Antoine Scribe dont j'étais le légataire et dont plus personne ne savait rien. Le notaire – ajoutai-je – disait qu'il était mort brutalement à Trèves, qu'il était sans famille ni autre héritier que moi-même pour une satanée mallette de papiers divers... On ne savait encore à qui reviendrait la maison, mais le contrat de location signé pour cinq années devait être respecté, et le notaire, avant d'en savoir plus, encaisserait le loyer.

La locataire, toujours sans m'ouvrir sa porte, s'amadouait un peu, et me proposa une citronnelle glacée sous une tonnelle du jardin. Elle se dit originaire de Tunisie, en fait de Carthage. Elle avait été élevée en France où son père travaillait au haras du Houga. Elle était archéologue, épigraphiste ou, plutôt, papyrologue. Elle avait loué cette maison à Antoine Scribe sur la recommandation d'une Gersoise croisée à Palmyre. Elle ne savait rien de « Monsieur Scribe » qu'elle n'avait rencontré que quelques heures et elle partageait son temps entre Paris et Genève pour travailler sur Zopyre d'Héraclée et sur quelques textes controversés du quatrième siècle...

Encore, encore, le quatrième siècle ! Son retour obsédant dans la conversation me mettait mal à l'aise. Je lui demandai alors si Antoine Scribe, lui-même féru de ce siècle, ne lui avait pas, par hasard, parlé de l'Histoire Auguste sur lequel il avait, avais-je appris, quelques lumières. Soudain je vis la méfiance envahir son regard. Et comme un masque tomber sur son visage. A ce moment même un lévrier aux yeux gris sortit de la grange et vint se coucher à ses pieds. Elle se leva sans hâte, me dit qu'elle avait à faire et prit congé en trois mots d'une politesse contrainte. Toute cette histoire commençait de me peser...

Je repartis pour Paris où je m'ouvris, en affectant un ton badin, de ce faisceau de signes énigmatiques à mon ami Jean-Paul. Est-ce qu'Antoine et Aurélien ne seraient pas une seule et même personne ? Et leur courrier, un monologue à deux voix ? Une lunette à double foyer ? Et qui donc – Dieu ou plaisantin – nous aurait mystifiés ? Jean-Paul se souvint que Borges dans une de ses nouvelles – Les Théologiens *– évoquait une aventure surnaturelle de même acabit. Je retrouvai le texte dans la Pléiade. Et le traducteur d'espagnol, pour la décrire, employait exactement les mêmes mots que Crispa, évoquant sa doctrine orphique : « Tout homme est deux hommes et le véritable est l'autre... » Enfin, dernière bizarrerie : le héros de Borges s'appelait... Aurélien. La coïncidence me donna la chair de poule...*

Trop de coïncidences en vérité et qui me firent regretter d'avoir été, contre mon gré, mêlé à cette sorcellerie ! Qu'auriez-vous fait à ma place ? Comment retrouver ma tranquillité ? Je décidai de publier et de me décharger sur vous de mon trouble.

Que dire de plus ? Mettons que nous n'avons rien lu !

C. I.

Achevé d'imprimer en février 2000
sur presse Cameron
*par **Bussière Camedan Imprimeries***
à Saint-Amand-Montrond (Cher)
pour le compte des éditions Grasset
61, rue des Saints-Pères, 75006 Paris

N° d'Édition : 11246. N° d'impression : 000658/4.
Dépôt légal : février 2000.
Imprimé en France
ISBN 2-246-56711-4